MENTALE STÄRKE
FÜR DICH!

Für Markus!

Alles Gute

Manuel Horeth

MENTALE STÄRKE
FÜR DICH!

Das Profiprogramm für deinen persönlichen Erfolg

Auf Seite 11 findest du deinen kostenfreien Zugang
für Hörbuch, E-Book & alle digitalen Extras.

Verlag:
Networkpool KG

Autor und Idee:
Manuel Horeth

Lektorat:
Manfred Spöcklberger, BA

Presse und PR:
Mag. Pascal Weisang

Gesamtleitung und Produktion:
Horeth Institut KG

Satz und Grafik:
Evi Buttinger, MA

Bildernachweis:
Siehe Seite 218

ISBN 978-3-903246-02-7
Alle Rechte vorbehalten. Das Werk darf – auch teilweise – nur mit Genehmigung des Verlages wiedergegeben werden.
Verlag: Networkpool KG
Covergestaltung: Horeth Institut KG/Evi Buttinger, MA
Coverfoto und Kapitelfotos: Heimo Spindler, pixs.at
Beratung Covercomposing: Timo Fuchs
Coverhintergrund: Василь Чейпеш
Druck und Bindung: Samson Druck GmbH., St. Margarethen
Copyright © 2024 Networkpool KG, Salzburg
Gedruckt in Österreich
7-6-5-4-3-2

**Für alle Menschen, die ihr Lebensglück
durch mentale Stärke bereichern möchten!**

Inhalt

Digital Mental Erklärung — 11
Dieses Buch ist... — 12

Vorwort — 13

Einführung — 17
Der Anruf im Radio — 18
Gesetz von Ursache und Wirkung — 24

Mentale Stärke — 27
Es gibt Stärken und Schwächen — 28
Mentales Training im Spitzensport — 34
Was wir von einer Weltmeisterin lernen können! — 43
Mentales Training ist dein Werkzeugkasten — 48
Die 5 Elemente der mentalen Stärke — 51
Übernimm jetzt die Regie über dich und leg los — 55
Was du Unglaubliches über mentale Stärke gelesen hast — 62

Entspannung — 63
Wie du wirklich entspannst! — 64
Das Wunder der Entspannung — 67
Der Schlaf ist die Basis — 71
Die Entspannungstypen — 75
Das Relax-Setup — 79
Das Entspannungsprogramm für dich — 82

Inhalt

Die Programmempfehlungen	88
Die Entspannungswaffe	89
Nutze Entspannung nicht nur für Entspannung	91
Mehr Entspannung aus meinen Mentaltipps	95
Was du Unglaubliches über Entspannung gelesen hast	96

Selbstvertrauen   97

Am Anfang ist der Selbstwert	98
Wenn wir uns selbst vertrauen	103
Die Mastery Experience	106
Mit Körpersprache zum Selbstvertrauen	110
Das Glas-Walk-Geheimnis	113
Das Selbstvertrauen-Setup	117
Das Selbstvertrauenprogramm für dich	119
Die Programmempfehlungen	124
Stärke dein Selbstvertrauen mit meinen Mentaltipps	127
Was du Unglaubliches über Selbstvertrauen gelesen hast	128

Konzentration   129

Die Bündelung aller Kräfte	130
Von Pareto bis Eisenhower	135
Stelle dir die Masterfrage	140
Das Konzentrations-Setup	141
Das Konzentrationsprogramm für dich	143
Die Programmempfehlungen	146

Die Extraportion Konzentration aus meinen Mentaltipps 147
Was du Unglaubliches über Konzentration gelesen hast 148

Positives Denken 149

Positives Denken, um Gottes Willen! 150
Optimismus vs. Pessimismus 151
Was ist das Bruttonationalglück? 157
Der positive Tagesstart 161
Die drei Geheimnisse des positiven Denkens 164
Die Selbsterfüllende Prophezeiung 169
Die Gewohnheit der Gewohnheit 171
Das Positiv-Denken-Setup 173
Das Positiv-Denken-Programm 175
Die Programmempfehlungen 179
Mehr positives Denken aus meinen Mentaltipps 180
Was du Unglaubliches über positives Denken gelesen hast 181

Motivation 183

Wie Motivation nicht sein darf 184
Intrinsische vs. extrinsische Motivation 185
Der Roger-Bannister-Effekt 187
Wie man plötzlich Superkräfte hat 189
Die SMARTE Motivationsformel für Ziele 192
Die Waffe gegen den inneren Schweinehund 195
Die Sucher und Meider 198
Das Motivations-Setup 201
Das Motivationsprogramm für dich 203

Die Programmempfehlungen	206
Mehr Motivation aus meinen Mentaltipps	207
Was du Unglaubliches über Motivation gelesen hast	209

Und jetzt?   210
    Epilog   211

Der Autor   214

Quellenverzeichnis   216

Bildernachweis   218

Bitte beachte diesen Lesehinweis:

Wenn du vorhast, die in diesem Buch vorgestellten Entspannungstechniken und mentalen Trainingsmethoden anzuwenden, empfehlen wir Personen mit gesundheitlichen und psychischen Problemen, zuvor den Arzt oder Therapeuten ihres Vertrauens zu konsultieren.

Entspannungsübungen, die in Eigenregie ausgeführt werden, können unter Umständen auch kontraproduktiv wirken, da sie innere psychische Spannungen auch aufrechterhalten und verstärken können.

Die Inhalte des vorliegenden Buches wurden mit höchster Sorgfalt erarbeitet. Der Autor und der Verlag lehnen dennoch ausdrücklich jegliche Verantwortung für alle Risiken, die dem Leser durch die Anwendung der in diesem Buch beschriebenen Übungen entstehen könnten, ab und können keine Haftung übernehmen.

Die Informationen und Übungen ersetzen auf keinen Fall eine professionelle Beratung oder Behandlung durch ausgebildete Ärzte. Die Inhalte dieses Buches dürfen nicht verwendet werden, um eigenständig Diagnosen zu stellen oder Behandlungen anzufangen.

# MENTALE STÄRKE
PODCAST

Überall, wo es Podcasts gibt!

BITTE UNBEDINGT LESEN!

Digital Mental

„Digital Mental" steht für die exklusive Onlineplattform zu diesem Buch, die du kostenfrei nutzen kannst. Du hältst nicht nur ein Buch in deinen Händen, sondern auch das Hörbuch, das E-Book, das Audiotraining durch Mitmachübungen und auch viele Mulitmedia-Extras.

Mein Tipp gleich zu Beginn: Bitte verwende alle Möglichkeiten von „Digital Mental", um den größtmöglichen Nutzen für dich zu ziehen. An vielen Stellen dieses Buches wirst du diesen QR-Code bemerken:

Dieser QR-Code erlaubt es dir, immer wenn du dieses Zeichen im Buch erkennst, die weiterführenden Inhalte dazu auf „Digital Mental" zu nutzen. Mit deiner Smartphone-Kamera kannst du diesen QR-Code einfach scannen, so als ob du ein Foto davon machen würdest. Sobald die Kamera das Bild erkennt, wirst du durch einen einfachen Klick zu „Digital Mental" geleitet. Alternativ kannst du durch die Eingabe dieses Links ebenfalls dorthin gelangen: www.manuelhoreth.at/digitalmental

Das Passwort lautet für dich in Kleinbuchstaben: **mental**

Dieses Buch ist...

- VERSTÄNDLICH EINFACH
- NACHVOLLZIEHBAR LOGISCH
- MITTEN AUS DEM LEBEN
- HERZLICH POSITIV
- NACHWEISLICH WIRKUNGSVOLL
- KEINE DOKTORARBEIT
- EIN BUCH FÜR JEDEN MENSCHEN
- OFFEN – FREI – ERFAHRUNGSREICH

Vorwort

Liebe Leserin, lieber Leser!

Was ist der Sinn und die Aufgabe des Vorwortes in einem Buch? Ich finde, das Vorwort sollte dir in wenigen Worten das Ziel und den Hintergrund verständlich erklären und damit dein Interesse wecken. Somit möchte ich dich von der Wichtigkeit des Themas dieses Sachbuches – der mentalen Stärke – überzeugen und dir das Gefühl geben, eine gute Entscheidung getroffen zu haben, dieses Buch zu lesen.

Denn es wird nicht beim Lesen bleiben: Auf dem exklusiven Onlineportal „Digital Mental" findest du deine Profiprogramme zum Mitmachen, das Hörbuch, das E-Book und viele weitere Tipps und Tricks. Mit einem Lächeln im Gesicht sitze ich heute hier an meinem Schreibtisch in Salzburg, im Hintergrund läuft eine Lieblingsmusik von mir aus meiner Tour „Mentale Stärke für Österreich". Es ist Sonntag, Mitte Mai, viele Wolken bedecken heute den Himmel, aber zwischendurch blitzen immer wieder wärmende Sonnenstrahlen auf die lange Fensterfront. Das sind nun die ersten Zeilen dieses neuen Buches, immer ein magischer Moment im Herzen eines Autors, wie bei allen anderen meiner Bücher – ein wirklich aufregender Moment. Doch diesmal soll es anders sein, denn die Idee hinter diesem Buch ist nicht nur eine Idee, es ist ein Auftrag, ein seit Jahren tiefer Wunsch von mir, Klarheit in die Welt des mentalen Trainings zu bringen.

Die Zahl der Einträge auf Google zum Thema „mentale Stärke" ist sechsstellig, und unzählige Bücher und Publikationen überschwemmen den weltweiten Markt. Sich hier sinnvoll zurechtzufinden ist praktisch unmöglich. Noch nie war es allerdings aus meiner Sicht so notwendig, nicht nur körperliche Fitness, sondern auch mentale Stärke zu beweisen. Durch die Ereignisse rund um weltweite Krisen und Unsicherheiten ist unsere geistige Widerstandsfähigkeit gefragter denn je. Wann auch immer du dieses Buch liest und aus welchem Grund auch immer du mehr von deiner mentalen Stärke erfahren möchtest – es ist immer der richtige Zeitpunkt dafür. Ich kann mit Sicherheit sagen, dass Menschen mit ausgeprägter mentaler Stärke jegliche Krise besser meistern werden.

Meine Botschaft an dich, liebe Leserin und lieber Leser, ist ganz direkt und offen: Wenn du deine mentalen Fähigkeiten verbesserst, wirst du damit in allen Bereichen deines Lebens fantastische Auswirkungen erfahren. Mentale Stärke kann dich glücklicher und gesünder werden lassen. Mentale Stärke kann dich zum Helden emporsteigen lassen. So wie ein Flugkapitän in lebensbedrohlichen Momenten seine Nerven bewahrt und Hunderten Passagieren damit das Leben rettet, ist der Begriff des Helden sehr vielseitig. So wie in unvorhersehbaren Zeiten eines Shutdowns plötzlich Alltagshelden, wie etwa eifrige Kassiererinnen eines Supermarktes, beklatscht werden, wurden diese für Jahrzehnte davor oft nicht einmal mit einem Lächeln beachtet. Was verbindet nun den Kapitän mit einer Kassiererin? Beide zeigen in Krisenzeiten, wie mental stark man sein kann und wie diese mentale Stärke dir selbst und anderen helfen kann. Vielleicht wirst du im richtigen Moment auch diese Stärke zeigen, vielleicht willst du aber auch gar kein Held oder eine Heldin sein – möglicherweise ist dir, so wie vielen anderen, auch nur dein Lebensglück wichtig. Unabhängig von deinen Zielen und Plänen im Leben, völlig frei von deinen tiefsten Wünschen und Sehnsüchten – das wahre Geheimnis des Lebensglücks möchte ich dir in diesem Buch offenbaren. Warum gerade fünf besondere Fähigkeiten dir den schnellsten Weg zur mentalen Stärke ebnen werden, wirst du in diesem Buch sehr genau erfahren. Die gute Nachricht: Du hast diese Fähigkeiten alle in dir, du musst sie nur aktivieren. Herz-

Vorwort

lich willkommen in meiner mentalen Welt und Gratulation zur Entscheidung, dass du dich mit deiner mentalen Stärke beschäftigen möchtest. Die sinnvollste Investition ist wohl die in sich selbst.

Dein Manuel Horeth

Ps.: Da ich aus Gründen der besseren Lesbarkeit bei manchen Wörtern die männliche Form gewählt habe, darf ich alle Leserinnen sehr herzlich bitten, sich das weibliche Wort dazu gerne vorzustellen.

„Das Glück deines Lebens hängt von der Beschaffenheit deiner Gedanken ab."

Mark Aurel

Einführung

Der Anruf im Radio

Kennst du das Gefühl, eine wahre, tief berührende Lebensgeschichte zu hören und danach einfach nur sprachlos zu sein. Genau so ein Gefühl hatte ich vor Kurzem als Moderator einer Sendung im Radio. Den Hintergrund dazu möchte ich dir gleich schildern, vorher aber ein paar Worte, was das Radio selbst mit mir zu tun hat.

Als Mentalexperte darf ich seit Jahren regelmäßig in unterschiedlichen Fernsehsendungen des ORF mit bunten Mentalthemen zu Gast sein. Zudem gestalte ich wöchentlich für viele Radiosender in Österreich mentale Tipps zum Mitmachen: Wie kann ich im Sommerurlaub noch besser abschalten? Was kann man aktiv gegen Frühjahrsmüdigkeit tun? Wie funktionieren die besten Tricks gegen Flugangst? Welche Motivationstechniken gibt es, um schneller seine Ziele zu erreichen?

In den letzten Jahren durfte ich mittlerweile über 250 verschiedene Themen in kompakten 60 Sekunden so logisch wie möglich präsentieren. Meine Nähe und meine Leidenschaft zum Medium Radio existieren übrigens schon mittlerweile seit über 20 Jahren. Nach der Matura begann ich aus Interesse bei einem Privatradio in Salzburg als Moderator zu arbeiten, und seither hat mich das Mikrofon bis heute begleitet. Nach der Tätigkeit beim Privatradio wechselte ich als Moderator zum ORF-Landesstudio Salzburg, und bis heute moderiere ich dort ein paar Sendungen im Monat, was mir immer noch ausgesprochen viel Spaß bereitet.

Nun wieder zurück zu diesem berührenden, sprachlosen Gefühl, das eine Frau bei mir ausgelöst hat. Ihr Name ist Anni Vass, sie lebt rund 45 Minuten Autofahrt von der Stadt Salzburg entfernt in einem kleinen Ort im Tennengebirge. In meiner Sendung im Radio ging es an einem Morgen um das Thema „Wie gut kann

Der Anruf im Radio

ich Schicksale meistern". Frau Anni hatte das Bedürfnis, anzurufen und ihre Vergangenheit auf Sendung zu erzählen.

„Hallo, Herr Horeth, hier ist Frau Anni aus St. Martin", so begann ein live im Radio geführtes Gespräch. Ich dachte mir noch gar nichts, denn so melden sich fast alle Menschen, die zu aktuellen Themen und Umfragen anrufen und ihre Meinung kundtun. Doch dieser Anruf sollte anders sein und mich, aber auch viele Tausende Menschen, die den Anruf mitverfolgten, wirklich im Herzen berühren.

Frau Anni erzählte mir vom Tod ihrer Großeltern, vom Tod der Eltern, vom Sterben des Sohnes und dann auch noch des Ehemannes und wie sie mit ihrem Lebensschicksal, so viele Menschen im Leben verloren zu haben, alleine trotzdem zurechtkommt und mit Lebensfreude und mentaler Stärke nach vorne blicken kann. Da mich Frau Anni und insbesondere ihre Art und Weise, etwas zu erzählen, sowie ihre Bescheidenheit und Zufriedenheit, aber vor allem ihre wahre mentale Lebensstärke so begeisterten, bat ich sie nach dem Anruf im Radio, mir ein ausführliches privates Interview zu geben. Nach ihrer Zusage dafür besuchte ich sie bei ihr zuhause, um ein sehr persönliches und berührendes Gespräch für dieses Buch, aber auch für die Tour „Mentale Stärke für Österreich" zu führen.

Frau Anni, nach Ihrem Anruf auf Sendung haben im Radiosender so viele Menschen angerufen und haben sich mit Freudentränen dafür bedankt, neuen Mut und neue Kraft von Ihnen bekommen zu haben. Diese Lebensfreude trotz der vielen Rückschläge so beizubehalten – wie machen Sie das?

Frau Anni: „Grundbedingung sind Ehrlichkeit, das ist ein oberstes Gebot bei mir, und Selbstbewusstsein. Denn seit ich Kind war und arbeiten konnte, musste ich überall mit anpacken – ein Dankeschön dazu an meine Eltern, die haben mir das beigebracht. Durch diese fast schon männlichen Arbeiten bin ich körperlich und geistig sehr stark geworden. Außerdem gehe ich viel in die Natur, beobachte sehr gut und sammle sehr viel aus der Natur, um auch davon essen und trinken zu können. Und dann das Krönchen obendrauf ist der Glaube. Ich bin gar nicht drum herumgekommen, manchmal im Wald zu knien vor Weinen und dann einfach zu flehen: Lieber Gott, du kannst mich nicht im Stich lassen, schick mir doch irgendwie eine Hilfe! Nach kilometerlangem Wandern und Weinen im Wald war am Ende alles sehr erleichternd. Ich hab keine Rückenschmerzen mehr gehabt, bin nach Hause gegangen und spürte am Heimweg ganz stark die umarmende Kraft der Bäume links und rechts von mir. Zuhause angekommen, war der Geist rein- gewaschen, eine neue Tür hat sich geöffnet, und es ist wieder weitergegangen."

Was raten Sie jemandem, der auch ein schweres Schicksal erlebt hat? Was muss man tun, um das Leben trotzdem noch in irgendeiner Form positiv erleben zu können?

<u>Frau Anni:</u> „Raus in die Natur und Emotionen leben. Wir haben das mitbekommen, lachen und weinen, fröhlich und traurig sein. Wenn man auf der Erde liegt, dann kann man nicht mehr tiefer fallen. Und dann weint man auf der Erde liegend, aber das ist erlösend. Aber nicht vergessen: die lustigen und schönen Dinge annehmen, diese gut wahrnehmen, denn das bringt uns weiter. Ich kann nicht ständig den Trauermarsch spielen, denn es gibt ja eben Gott sei Dank auch schöne Dinge. Mir hat hier die Natur zu achtzig Prozent weitergeholfen, denn die Natur hat diese besondere Heilkraft. Ich kann jedem als ersten Weg empfehlen, nicht zu den Menschen zu gehen, sondern in die Natur zu gehen und an ihre Wirkung zu glauben. Grundsätzlich geht es ohne Glauben

ja nicht, denn der beinhaltet ja vieles. Ich treffe meine verstorbene Familie ja irgendwann wieder, daher ist auch das Loslassen im Leben für mich ganz wichtig – und zum Sterben bereit zu sein, das muss ich auch noch betonen. Ich sage immer wieder den Spruch: Wenn heute am Abend der Herrgott auf meine Schulter klopft und sagt, ‚Anni, morgen früh hol ich dich!', dann würd ich heute Abend trotzdem noch angstfrei stricken."

Was erwarten Sie sich vom Rest Ihres Lebens?

Frau Anni: „Wünschen kann man sich vieles, wie beispielsweise Gesundheit, aber bei mir kommt die Zufriedenheit immer noch vor der Gesundheit. Wenn ich gesund bin und nicht zufrieden, dann hilft mir die ganze Gesundheit nichts. Ich wünsche mir, dass ich so bleibe, wie ich bin. Ich war auf den höchsten Bergen mit einem Freund in Osttirol, wir sind auf 3000 Meter gewandert – davon hab ich sehr viel kraftvolle Erinnerungen. Dafür bin ich sehr dankbar, und jetzt bin ich mittlerweile mit kleineren Gipfeln zufrieden, denn mehr kann mein Körper nicht mehr leisten mit meinem Herz. Also mach ich die kleinen Dinge, und die sind ja auch schön. Also: Die Zufriedenheit kommt bei mir an erster Stelle."

Was soll der letzte Gedanke sein, den Sie in Ihrem Leben denken möchten?

Frau Anni: „Der Gedanke soll voll Freude sein, dass, wenn ich durchs Tor gehe, meine gesamte verstorbene Familie mir entgegenkommt und mich abholt, damit wir uns endlich wiedersehen."

Der Anruf im Radio

Den Originalanruf im Radio von Frau Anni und auch das später geführte Gespräch mit ihr als Video kannst du hier auf „Digital Mental" ansehen oder anhören:

Was ist die für mich so wunderbare Botschaft von Frau Anni und ihrem Lebensschicksal? Niederlage, Verlust, aber auch Trauer sind ebenso Inhalte unseres Lebens wie Sieg, Gewinn und Lebensfreude. In traurigen Rückschlägen steckt auch immer eine große Chance für einen positiven Neustart.

Wie Frau Anni kann jeder von uns sogar in den schwierigsten Zeiten seines Lebens wieder Kraft schöpfen und helfende Energien freisetzen, die in uns schlummern. Frau Anni ist für mich ein perfektes Beispiel für perfekte mentale Stärke und für deren erfreuliche Auswirkungen auf den Lebensalltag. Bist auch du so stark wie Frau Anni? Stehst auch du immer wieder nach Katastrophen und Misserfolgen auf wie Frau Anni? Erzählst auch du Geschichten über deine Rückschläge mit einem Lächeln im Gesicht wie Frau Anni? Hast auch du das Schrecklichste, was dir passieren kann, mit Würde getragen und blickst wieder optimistisch nach vorne wie Frau Anni? Lernen wir von Anni Vass, einmal mehr aufzustehen als hinzufallen, und nehmen wir das Gefühl mit, dass es möglich ist, mit unfassbaren Schicksalen gut umzugehen zu lernen.

Vor Kurzem bin ich bei einem Interview gefragt worden, woher ich meine Inspirationen und meine Impulse bekomme. Die Antwort war: Von Frau Anni und von Menschen wie du und ich, die Erstaunliches in ihrem Leben meistern und mit innerer Kraft glücklich nach vorne blicken. Niemandem wünsche ich die traurigen Erlebnisse von Frau Anni, aber jedem wünsche ich ihre mentale Stärke.

Gesetz von Ursache und Wirkung

Wer kennt es nicht, das weltberühmte Zitat des römischen Schriftstellers Cicero: „Wie du säest, so wirst du ernten." Was das Gesetz von Ursache und Wirkung damit auf sich hat und warum wir für unsere mentale Stärke dieses Gesetz von Beginn an beachten sollten, möchte ich dir jetzt sehr gerne zeigen. Schon als Kind haben wir Ursache und Wirkung sehr schmerzvoll erfahren, denn wer etwa auf einen heißen Herd greift, verbrennt sich. Unser Leben ist eine gesetzmäßige Kausalfolge und bedeutet übersetzt ganz einfach: Nach der Ursache kommt die Wirkung, oder wenn du Salat ernten möchtest, dann musst du zuvor auch Salatsamen säen.

Die meisten Menschen beschäftigen sich gerne und viel mit der sogenannten Wirkung, also mit dem genussvollen Ernten und Essen des Salates. Aber dass es dafür auch eine Ursache geben muss, das vergessen wir allerdings auch sehr oft. Im Negativen wäre das so, wie wenn du eine verbrannte Hand erwarten würdest, ohne auf den Herd zu greifen. Kümmern wir uns also, bevor wir uns den Salat schmecken lassen, einmal zuerst um das Samenkorn, also um die Ursache. Erst dadurch kommt das erwünschte Ergebnis in reale Reichweite und ist vor allem eines: planbar. Falls du nicht gerne Salat isst, dann kannst du ihn gerne mit jedem Gemüse, jeder Frucht, jedem Plan oder einem Wunsch und Ziel, das du verfolgst, gedanklich austauschen. Wer einen Erfolg vor Augen hat, der später auch eintritt, bekommt die Wirkung zu spüren. Tritt der Erfolg nicht ein, dann wäre dies ein Misserfolg, dessen Wirkung du auch zu spüren bekommst. Erfahren wir nicht den gewünschten Erfolg, dann grübeln wir viel zu viel, was dieser Misserfolg nun bewirken wird. Die wenigsten Menschen denken aber darüber nach, wie der Misserfolg entstanden ist.

Viele von uns sind sogenannte Wirkungsphilosophen anstatt Ursachengärtner. Das bedeutet, dass wir ständig über Auswirkungen nachdenken, Erfolge feiern und Misserfolge interpretieren und verarbeiten, aber viel zu wenig im Vorfeld planen. Meine Botschaft an dich: Werde zum Ursachengärtner! Ursachengärtner, ein schönes Wort, das hoffentlich auch meinem lieben Freund Fernseh-Biogärtner Karl Ploberger gut gefallen wird. Ein Ursachengärtner pflanzt den Samen und weiß, dass daraus die erwünschte Erfolgspflanze wachsen wird.

Die Erkenntnis daraus ist die einzige Frage für nachhaltigen Erfolg: Welche Ursache muss ich heute setzen, um morgen Erfolg zu ernten?

Alles, was wir für unsere mentale Stärke üben, stellt eine Ursache für die nachfolgenden Wirkungen dar. Auch wenn du oft noch nicht sofort die Wirkung ernten kannst, kümmere dich mit diesem Buch nicht nur um die Wirkung, sondern vor allem um die Ursachen. Viele Übungen und mentale Techniken sind oft eben genau diese Ursachen für die späteren Wirkungen, denn dieses Buch ist der Samen für deinen geistigen Erfolg.

„Erfolg besteht darin,
dass man genau die Fähigkeiten besitzt,
die im Moment gefragt sind."

Henry Ford

Es gibt Stärken und Schwächen

Hat dich schon mal jemand nach deinen Stärken und Schwächen gefragt? Der Klassiker aller Vorstellungsgespräche ist für mich ein großer Irrtum und versucht uns nur zu kategorisieren. Wir werden in eine Schublade gesteckt und kommen da auch nicht so schnell wieder heraus. Eine hier falsche, unüberlegte Antwort im entscheidenden Moment hat so manch talentierten Bewerber den Job gekostet. Ich möchte heute diesem Schubladendenken von Stärken und Schwächen endlich ein Ende bereiten. „Es gibt nämlich keine Stärken und Schwächen", erzähle ich gerne in einem meiner Vorträge über mentales Training. „Es gibt nur Fähigkeiten, die wir für uns oder gegen uns einsetzen", betone ich, während dazu oft staunende und fragende Gesichter aus dem Publikum zu mir auf die Bühne blicken.

Wenn du das Live-Programm „Mentale Stärke für Österreich" miterlebt und gesehen hast, dann kannst du dich mit Sicherheit zurückerinnern, dass ich zu Beginn der Veranstaltung darauf hinwies, dass der Titel „Mentale Stärke für Österreich" aus meiner Sicht eigentlich falsch ist. Richtigerweise müsste es heißen: „Mentale Fähigkeiten für Österreich". Welche Fähigkeiten damit genau gemeint sind, wirst du in diesem Buch noch detailliert erfahren. Das ist auch der Grund, warum du hier viel über deine Fähigkeiten erfahren wirst und wenig über deine Stärken und Schwächen. Allerdings sind eben die Begriffe „Stärke" und „Schwäche" sehr gebräuchlich, und wir können alle damit etwas anfangen. „Stärke" ist sehr positiv besetzt und im Alltagsgebrauch einfach sofort verständlich. Das ist auch der Grund, warum ich diese Begriffe natürlich ebenfalls verwende. Allerdings ist es mir im Bereich des mentalen Trainings sehr wichtig, immer zu betonen, dass es sinnvoller ist, von Fähigkeiten zu sprechen, als von Stärken und Schwächen.

Aber warum? Stärken sind eigentlich Fähigkeiten, die ich für mich einsetze. Fähigkeiten, die ich gegen mich einsetze, sehen wir als unsere Schwächen an. Vereinfacht erklärt, kann beispielsweise die Fähigkeit der Motivation nicht nur eine Stärke sein. Du kannst dich motivieren, die Welt zu retten oder auch Drogen zu nehmen. Je nachdem, wozu wir unsere Fähigkeiten einsetzen, entsteht daraus eine Stärke oder Schwäche. Also die gleiche Fähigkeit kann dich zum Helden machen oder auch brutal vernichten. Entspannung wird auch nicht immer positiv und als Stärke gesehen. Du kannst den ganzen Tag so langweilig, müde und schlaff wirken, dass du bei allen Menschen in deinem Umfeld negativ wahrgenommen wirst. Oder du nutzt andererseits die Fähigkeit der Entspannung, um nach einer anstrengenden Anspannung mit Entspannung wieder zur Ruhe zu finden. Bei Letzterem nutzt du die Fähigkeit der Entspannung zum erneuten Krafttanken und Regenerieren für die nächste, vielleicht notwendige positive Anspannung.

Besonders erwähnen möchte ich an dieser Stelle die sogenannten „Soft Skills", die zwischenmenschlichen oder auch als „weiche Fähigkeiten" bezeichneten Eigenschaften. Sie sagen viel über deine Persönlichkeit und dein Verhalten gegenüber anderen Menschen aus. Es genügt eben nicht, nur ein Fachmann auf seinem Gebiet zu sein. Viele Verhaltensmerkmale oder auch weiche Fähigkeiten werden immer wesentlicher für den Erfolg. Sie reichen von Einfühlungsvermögen, Integrationsfähigkeit, Verhandlungsgeschick und Durchsetzungsvermögen, über Geduld und Kritikfähigkeit, bis hin zu Kommunikationsfähigkeit und Überzeugungskraft. Auf den nächsten Seiten findest du eine Auflistung vieler Soft Skills, die wir besitzen können, und erhältst

Aufschluss darüber, in welche Kategorien sich diese noch unterteilen lassen. Soft Skills sind beim Kennenlernen einer fremden Person oder auch in einem Vorstellungsgespräch ein ausschlaggebender Faktor für die erste schnelle, intuitive Beurteilung. In einer spannenden Studie des Karrierenetzwerkes LinkedIn wurden deutsche Vorstände und Personalverantwortliche befragt, um herauszufinden, welche Soft Skills im Jahr 2027 die gefragtesten sein werden. Diese Untersuchung ergab weiters, dass bei Bewerbungsgesprächen die Menschen genau nach diesen Fähigkeiten zukünftig noch stärker ausgesucht werden. 2027 „werden nach Ansicht der Befragten funktionsübergreifende Kompetenzen zu 82 Prozent, Verhandlungsführung zu 79 Prozent und Mitarbeiterführung zu 76 Prozent von höchster Bedeutung sein".[1] Vor allem auch die Fähigkeit, wirkungsvoll in vielen Sprachen und mit vielen Kulturen gefühlvoll kommunizieren zu können – die sogenannte interkulturelle Kompetenz –, steht künftig hier im Vordergrund.

Nutzt du nun deine Fähigkeiten gegen dich oder für dich? Oft sind wir uns darüber gar nicht bewusst und glauben, beeindruckende Stärken zu besitzen. Selbstvertrauen ist eine wunderbare Fähigkeit, die dir Sicherheit im Auftreten und in Präsentationen gibt. Zu viel davon lässt dich allerdings schnell arrogant und überheblich wirken. Das richtige Nutzen deiner Fähigkeiten ist aus meiner Sicht eine Frage der korrekten Dosis. Warum Soft Skills der Schlüssel zu mentaler Stärke sind und wir uns darüber gar nicht bewusst sind, wirst du in diesem Buch bald erfahren.

Die folgende Mentalübung kann dir helfen, dich noch besser kennenzulernen, und du wirst sehen, es ist schon faszinierend, was wir Menschen alles können.

Es gibt Stärken und Schwächen

Mentalübung

Nimm dir zehn Minuten Zeit und beantworte so ehrlich wie möglich folgende Fragen: Welche Fähigkeiten zeichnen mich aus? Worin bin ich richtig gut? Welche Eigenschaften schätzen andere an mir? Unterstreiche bitte die zu dir passenden Soft Skills der folgenden Liste. Du wirst gleich sehen, dass sich unsere Soft Skills, die sogenannten weichen Fähigkeiten, in vier Kategorien aufteilen.

Die Liste deiner möglichen Soft Skills ist sehr umfangreich:

Soziale Soft Skills
Teamfähigkeit, emotionale Intelligenz, Einfühlungsvermögen, interkulturelle Kompetenz, konstruktives Feedback, Menschenkenntnis, Integrationsvermögen, Führungskompetenz

Persönliche Soft Skills
Engagement, Selbstständigkeit, Entscheidungsfähigkeit, Selbstsicherheit, Zielstrebigkeit, Selbstreflexion, Mut, Selbstvertrauen, analytisches Denken, Kritikfähigkeit, Lernbereitschaft, Geduld, innere Ruhe

Methodische Soft Skills
Kreativität, Motivation, Durchhaltevermögen, Organisationsvermögen, Flexibilität, Belastbarkeit, Problemlösungskompetenz, strategisches Vorgehen, schnelle Auffassungsgabe, strukturierte Arbeitsweise, Sorgfalt, Konzentrationsfähigkeit

Kommunikative Soft Skills
Präsentationstechniken, rhetorisches Können, aktives Zuhören, Verhandlungsgeschick, Überzeugungsvermögen, Begeisterungsfähigkeit, Durchsetzungsvermögen, Aufgeschlossenheit, Teamfähigkeit, Wissensvermittlung, positives Denken

Wo auch immer deine Talente liegen, du hast sie hiermit festgehalten und kannst sie dann später für eine Übung sehr gut nutzen und auf diese Seite wieder zurückkehren.
Abschließend möchte ich noch einmal betonen, dass es nicht darum geht, ob wir eine Fähigkeit haben oder nicht. Es geht für mich in erster Linie darum, ob wir diese Fähigkeit sinnvoll für uns, im Sinne unserer Aufgaben, Ziele, Wünsche und Träume, einsetzen. Robert hatte viel Mut und Selbstsicherheit, was ihn letztendlich in den Ruin stürzte. Diese beiden Soft Skills können einem Skistar den erwünschten Erfolg bringen, weil er dadurch ohne Nervosität alles gibt und ohne Rücksicht auf Verluste die Rennstrecke bergab rast. Robert nutzte seine Fähigkeiten allerdings im Spielcasino, um sein gesamtes Erspartes zu verlieren. Durch diesen Mut traute er sich nämlich immer wieder dorthin, und durch seine Selbstsicherheit hinterfragte er niemals seine Chancen, sondern war sich so sicher, dieses Mal wirklich zu gewinnen. Es sind eben nicht die Stärken und Schwächen, die unseren Erfolg ausmachen. Es sind unsere Fähigkeiten – und zwar je nachdem, wie wir sie einsetzen.

Mentales Training im Spitzensport

Mentale Stärke ist nicht nur schon seit einigen Jahren, sondern auch ganz aktuell das spannende Thema im Spitzensport. Was wir von den Sportprofis hier lernen können und warum mentale Stärke auch in unserem beruflichen und privaten Alltag sehr ähnlich dem Spitzensport ist, möchte ich dir hier sehr anschaulich erklären. Im Horeth-Institut in Salzburg haben wir uns spezialisiert auf das Erstellen von weltweit einzigartigen Wettkampfprogrammen für Spitzensportler. Im Profisport wird mentales Training schon seit Jahrzehnten eingesetzt und zählt zu den wohl bestgehüteten Geheimnissen.

Unzählige Untersuchungen belegen, dass die mentale Vorbereitung der entscheidende Faktor für Topleistungen im Sport ist. Bei vielen mentalen Techniken wird aber noch bei Weitem nicht die volle Leistungsfähigkeit aktiviert. Es war an der Zeit, durch ein modernes, hochwirksames Programm das volle Potenzial der Athleten, Spieler und Wettkämpfer zu mobilisieren.

Unser einzigartiges „Champion-Prinzip Professional" steht für ein mentales Mitmachprogramm zum Anhören, das vom Athleten selbst gestaltet, eingesetzt und gesteuert werden kann. Einige unserer Programme sind so angelegt, dass man sie mit dem Kopfhörer beim Training und vor dem Wettkampf nutzen kann, um damit die gewünschten Emotionen schneller, leichter und intensiver zu erzeugen. Nach dem Wettkampf stehen Erholung und Regeneration auf dem Programm, und sogar das ist durch spezielle Mentalprogramme leichter umzusetzen. Meine kreative Aufgabe seit über zehn Jahren im Bereich Profisport ist die Produktion dieser Mitmachprogramme in unserem eigenen Tonstudio.

Zusammenarbeit mit Adi Hütter

Beispielsweise Fußballtrainer Adi Hütter, Super-G-Weltmeisterin Nicole Schmidhofer, Olympiaseglerin Tanja Frank, Snowboard-Weltmeisterin Claudia Riegler, Windsurf-Worldcup-Gewinner Marco Lang und Ex-Rapid-Kapitän Steffen Hofmann haben von mir solche besonderen Programme für ihren speziellen Wettkampfbereich erhalten.

Die Liste der Profis ist lang, allerdings unterliege ich hier bei vielen der Geheimhaltung und der Schweigepflicht. Wie zum Beispiel Nicole Schmidhofer mentales Training verwendet, um stark zu sein für ihre Rennen, wird sie dir im nächsten Kapitel exklusiv für dieses Buch näher erzählen.

Aber was ist jetzt eigentlich mentales Training genau und woher kommt es? Der Begriff „mentales Training" besteht aus den Worten „mental" und „Training" und bedeutet das Üben und Trainieren in der gedanklichen Vorstellung. Dies passiert durch wiederholtes geistiges Vorstellen und Durchdenken von Bewegungsabläufen, von sportlichen Handlungen, aber auch von Gefühlen und positiven Emotionen für Wettkampfmomente. Mentales Training wird grundsätzlich dazu verwendet, um die Leistungen und das Wettkampfverhalten zu verbessern. Das Vorbereiten auf den Wettkampf, das Abrufen des eigenen Könnens und auch die Regeneration nach dem Spiel oder nach dem Rennen sind die wesentlichen Bestandteile des mentalen Trainings. Ein weiteres Ziel des mentalen Trainings ist, dass Sportler gelassen und problemorientiert mit unerwarteten Situationen und extremen Herausforderungen umgehen können. Wenn von mentalem Training gesprochen wird, dann geht es um viele unterschiedliche Trainingstechniken, beispielsweise zur Leistungssteigerung, zur Aktivierung und Entspannung, zur Aufmerksamkeitssteuerung oder zur Konzentration. Wesentlich dabei ist der Ablauf von inneren Bildern durch sogenannte Imaginationstechniken.

Imagination wird als menschliche Fähigkeit bezeichnet, sich

etwas vorstellen zu können. Wir sprechen hier von Vorstellungsvermögen oder auch von Einbildungskraft. Diese Vorstellung kannst du so real wie möglich zum Beispiel mit geschlossenen Augen in Form von Bildern im Kopf ablaufen lassen. Im Umgangssprachlichen können wir auch von Kopfkino sprechen.

Mein Insider-Tipp für dich

Die Fähigkeit, sich Momente vorzustellen und damit zukünftige Herausforderungen, wie etwa eine Präsentation oder ein Bewerbungsgespräch, gedanklich zu üben, wird eine große Unterstützung für dich sein. Diese mentale Probe trainiert dich, wie ein Spitzensportler sicherer zu agieren und besser zu reagieren. Mit Imagination kannst du deine Zukunft planen und unterschiedliche Möglichkeiten gedanklich proben.

Durch ein optimales mentales Training kann ein sogenanntes Flow-Erleben erzeugt werden. Flow ist der perfekte Zustand für einen Wettkampf, bei dem man das Gefühl hat, dass alles wie von selbst läuft. Man hat das Gefühl, zu wissen, dass man alles, was da ist, wie von selbst abrufen kann. Vielleicht kennst du die TV-Interviews von Sportlern mit den Aussagen „Ich wusste, ich werde gewinnen" oder „Alles ist heute wie von selbst passiert". Der Zustand höchster Konzentration, gepaart mit dem perfekten Bewegungsablauf und dem Gefühl mit Lockerheit, ganz vorne mit dabei zu sein, stärkt das Flow-Erleben. Um in den Flow-Zustand zu gelangen, muss man sich seiner Tätigkeit voll und ganz hingeben. Es fühlt sich an, wie zu schweben, fast ein wenig high zu sein, sich völlig schmerzfrei und sorgenfrei zu fühlen. Die Anforderung an die Tätigkeit darf jedoch nicht so hoch sein, dass man überfordert ist, allerdings auch nicht so niedrig, dass man unterfordert ist. Passt einer der letztgenannten Zustände nicht, dann wird es schwierig, den Flow herzustellen.

Stell dir dazu eine optimale Balance aus Sollen und Können vor. Den optimalen Flow-Zustand erlebt der Sportler teilweise sogar ohne jegliches Zeitgefühl. Im Flow-Erleben geht vieles unglaublich leicht, ist weniger anstrengend, und wir können unsere möglichen Höchstleistungen besser abrufen. Was ist nun das Geheimnis des Flows, wie kommen wir in diesen Zustand? Durch folgende vier Schritte, auch als Flow-Zugang bezeichnet, kannst du dieses Flow-Gefühl erreichen:

Schritt 1:
Sei tief involviert in deine Handlung, sodass alles andere in den Hintergrund rückt.

Schritt 2:
Halte die hohe Konzentration, die ausschließlich auf die jeweilige Handlung gerichtet ist, dauerhaft aufrecht.

Schritt 3:
Entwickle das Gefühl einer starken Kontrolle über dich und deine Tätigkeit, damit keine Versagenszweifel möglich sind.

Schritt 4:
Blende Zeitdruck aus, verringere das Betrachten der Umgebung, vermeide Zeitwahrnehmung und fühle dich einfach nur gut und glücklich im Moment.

Professor Psycho

Unser Flow im Gehirn

Studien belegen, dass sich unsere Gehirnaktivität im Flow-Zustand verändert. Körperliches Training bewirkt eine Hypofunktion im präfrontalen Kortex, einem Teil des Großhirns. Hypofunktion bedeutet, dass das Gehirn seine ständige Kontrolle verringern kann. Was wir dann tun, passiert dadurch komplett mühelos und wie von selbst. Die Wissenschaft beschreibt das Flow-Erleben als Trance.

Die Psychologinnen Julia Schüler und Sibylle Brunner von der Universität Zürich zeigten in einer Studie[2], dass ein Flow-Erleben während eines Marathontrainings die Motivation verstärkt, auch in Zukunft weiter zu trainieren, um dieses Gefühl wieder und wieder zu erleben. Je öfter die Marathonläufer diese Flow-Momente im Training erlebten, desto schneller liefen sie dann die Strecke.

Läufer erleben dieses absolute Hochgefühl des Flows, nachdem sie schon fast bis zur Leistungsgrenze gelaufen sind und plötzlich alles wie von selbst geht. „Runner's High" oder Läufertrance wird dieser Zustand auch gerne genannt und lässt dich jegliche Anstrengung vergessen.

Mentalübung

Erzeuge einen Flow-Zustand durch folgenden Ablauf: Die Aufgabe ist, sich während des Gehens in der Natur nur auf dich und den Bewegungsablauf zu konzentrieren. Du beginnst langsam und gehst immer schneller, bis zu einem optimalen Tempo, das du ein paar Minuten gut durchhalten kannst. Je schneller du gehst, desto mehr konzentrierst du dich auf deine Füße und Hände und auf den rhythmischen Bewegungsablauf. Es gibt nach ein paar Minuten nur noch die Bewegung, keine Störgeräusche, keine Störgedanken, nur dich und den Spaziergang. Schaffst du es, in einigen Minuten in diesen Flow-Zustand zu gelangen?

Zuletzt hatte ich genau dieses Gefühl nach einer Bergwanderung in Südafrika, und nach der Ankunft am Gipfel bin ich auch noch den Weg zurück gelaufen. Niemals hätte ich mir vorstellen können, nach zwei Stunden Wanderung auch noch zu laufen. Aber alles war so leicht, ich spürte dieses Lächeln in mir, wie jeglicher Bewegungsablauf einfach wie von selbst funktionierte. Wir haben diese Fähigkeit, uns in diesen Rausch zu steuern, dadurch sogar Glücksgefühle zu empfinden und zudem noch ungeahnte Leistungen abzurufen, denn ist es unglaublich, was wir alles können.

Was wir von einer Weltmeisterin lernen können!

Es war an einem 10. Juni bei einem Sommerfest in Filzmoos im Salzburger Land. An diesem Abend lernte ich die Skirennläuferin Nicole Schmidhofer kennen – eine Weltmeisterin im Super-G und eine der schnellsten Abfahrtsläuferinnen der Welt. Auf Anhieb gefiel mir ihre bodenständige und völlig normale Art, mit Menschen zu sprechen. In der Zusammenarbeit mit Menschen aus dem Spitzensport habe ich in den letzten Jahren sehr viele unterschiedliche Charaktere kennengelernt. Das für mich wahre Erfolgsgeheimnis eines wirkungsvollen Mentaltrainings sind die Gesprächsbasis und das dadurch entstehende Vertrauen zwischen Sportler und Trainer. Als nach dem Kennenlernen bei besagtem Sommerfest Nicole Schmidhofer einige Wochen später für ein Vorgespräch zu mir ins Institut kam, war ich mir ehrlich gesagt noch nicht ganz sicher, ob wir die gleiche Wellenlänge haben für eine gute zukünftige Kooperation.

Einige Jahre später kann ich mit Freude und Offenheit sagen, dass Nici und ich mit Spaß, Freude und Kreativität an ihren mentalen Trainingsprogrammen arbeiten. In den letzten Jahren hat sich Nicole Schmidhofer nicht nur mental stark weiterentwickelt, sondern auch schon einige wichtige Weltcuprennen für sich entschieden. Wie das Gefühl ist, als Erste ins Ziel zu kommen, und warum sie anders denkt als andere, wird sie uns hier am besten selbst beschreiben.

Der Wecker läutete heute sehr früh für Dreharbeiten mit Nici Schmidhofer. Wir wollten in einer lebendigen Landschaft mit Wiese, Wald und einem Teich zu früher Stunde das fürs Fernsehen so schmeichelnde Licht eines Sonnenaufgangs nutzen. Nach einem schnellen 6-Uhr-Kaffee an der Tankstelle fuhren wir weiter in die Natur, um ein sehr offenes, ehrliches und sympathisches Gespräch zu führen.

Was verbindest du mit dem Begriff „Mentale Stärke für Österreich"?

<u>Nicole Schmidhofer:</u> „Ich finde es eine tolle Idee, da viele Menschen noch gar nicht wissen, was hinter der mentalen Stärke alles steckt – ich habe dieses Thema selbst sehr lange unterschätzt. Für mich bedeutet mentale Stärke, wenn du auf dich selbst vertraust und wenn du klare Entscheidungen triffst und hinter diesen Entscheidungen auch zu hundert Prozent stehst."

Bei „Mentale Stärke für Österreich" geht es um eine positive Grundeinstellung, nach vorne zu schauen, einen positiven Blick nach vorne zu haben. Bringt dich persönlich dieses positive Denken nach vorne?

<u>Nicole Schmidhofer:</u> „Ja, auf jeden Fall. Es hat Zeiten gegeben, da bin ich ins negative Denken geraten, und dann geht die Spirale brutal nach unten. Ich finde es sehr wichtig, dass man positiv denkt, aber man muss es nicht immer aussprechen. Schon alleine in der Früh – je positiver du aufstehst, desto besser startest du in den Tag."

Auch in deinem Leben hat es gewaltige Rückschläge, Unfälle und Verletzungen gegeben. Was ist dein Geheimnis, damit du wieder optimistisch nach vorne schauen kannst?

<u>Nicole Schmidhofer:</u> „Lange habe ich nichts gemacht, lange habe ich es einfach akzeptiert, wie es ist, und mir gedacht, dass es schon irgendwann wieder besser wird. Allerdings, wenn du da nicht aktiv an die ganze Geschichte rangehst, kommt die be-

rühmte Spirale nach unten, und die wollen wir ja nicht. Die erste wichtige Erkenntnis muss sein, dass sehr viel an dir selbst liegt und man selbst sehr viel besser machen kann. Erst dann kann man beginnen, an sich zu arbeiten."

Humor ist ja eine wichtige Form des positiven Denkens, lachst du über dich selbst auch ganz gerne?

Nicole Schmidhofer (lacht): „Manchmal schon, je mehr man aber auch über sich selbst lachen kann, desto lockerer und besser werden diese Momente. Man hat es allgemein einfach leichter im Leben, wenn man viel lachen kann. Oft muss man sich sogar zwingen, auch über negative Erlebnisse lachen zu können, dann geht es einem einfach besser."

Was kannst du uns mitgeben, wie wir mit Sorgen und Ängsten im Alltag besser umgehen können?

Nicole Schmidhofer: „Eine wichtige Technik ist, nicht über negative Auswirkungen nachzudenken, sondern sich die Zukunft mit einem schönen Ergebnis vorzustellen. Das haben wir oft in uns, dass wir vom Schlimmsten und Schlechtesten ausgehen, das können wir aber ganz einfach ändern. Auch sich einfach kurz hinzusetzen, sich ein paar Minuten Gedanken zu machen und dann allerdings das Grübeln abzuschließen und es als erledigt betrachten, auch das hilft mir oft sehr. Mein Motto dazu: kurz, bündig und positiv bleiben."

Wie erreichst du deine Ziele, hast du da ein bestimmtes System?

Nicole Schmidhofer: „Ich denke nicht viel über andere nach, sondern ich versuche mir Ziele zu setzen und diese zu erreichen auf meinem Weg. Auch wenn das manchmal nicht der Weg ist, den sich andere vorstellen, mir ist wichtig, dass ich immer bei mir bleibe und meine Ziele in kleinen Schritten umsetze. Ich halte nichts von Zielen, auf die man Jahre hinarbeitet, ich finde es gut, wenn man kleinere Ziele hat, weil man hier den Belohnungseffekt sehr gut nutzen kann. Diese vielen kleinen Erfolgserlebnisse motivieren eben, immer weiterzumachen."

Sagst du dir nach jedem Rennen dann: „Guat wor i?"

Nicole Schmidhofer (lacht): „Nein, ich sage „jawoi" und speichere dieses Erfolgsgefühl dann auch in mir ab."

Du bereitest dich ja auf deine Wettkämpfe mit mentalem Training vor, um Höchstleistungen bringen zu können. Warum sollten wir das im Alltag auch machen?

Nicole Schmidhofer: Der mentale Bereich ist riesig, ich finde, wenn wir uns auf gute Leistungen vorbereiten wollen, dann ist mentales Training dazu genau richtig. Mentales Training kann dir die Nervosität nehmen, du kannst dich damit aktivieren und pushen, in einen Zustand versetzen, um Höchstleistungen abrufen zu können. Jeder hat solche Tage, an denen wir einfach funktionieren müssen, und wenn es da Möglichkeiten gibt wie im mentalen Training, das bewusst anzusteuern, dann sollten wir das alle nutzen. Ich kann es nur jedem empfehlen, so etwas in diese Richtung auch selbst zu machen.

Das Interview mit Nicole Schmidhofer für „Mentale Stärke für Österreich" kannst du dir auch als Video auf „Digital Mental" noch einmal ansehen.

Erfolge feiern

Mentales Training ist dein Werkzeugkasten

Meine ganz große Vision für alle meine Tätigkeiten ist es, so viele Menschen wie nur möglich von ihrer mentalen Stärke zu überzeugen. Das mentale Training ist der Weg, diese Stärke noch mehr auszubauen und an sich immer wieder zu arbeiten. Wie du gelesen hast, nutzt der Spitzensport diesen erfolgreichen Weg schon viele Jahrzehnte zur Leistungssteigerung. Warum also sollten nicht wir alle von diesen Techniken im Alltag profitieren? Warum sollten wir uns nicht dieses Werkzeugkastens bedienen können, damit es einfach in vielen Momenten unseres Lebens um vieles leichter wird?

Hier kannst du dir ein kurzes Video von mir anschauen, in dem ich dir erkläre, was aus meiner Sicht mentales Training genau bedeutet:

Dass mentales Training nicht nur den Spitzensportbereich betrifft, zeigen in den letzten Jahren diverse weitere Berufe, in denen das Verbessern von Bewegungsabläufen, aber auch die psychische Verfassung der betroffenen Personen eine wesentliche Rolle für den beruflichen Erfolg bedeutet. Chirurgen trainieren genaue Abläufe von Operationen mental, Piloten visualisieren Notfallpläne und lebensrettende Maßnahmen für mehr Routine im Falle des Falles, und Politiker üben emotionale Ansprachen oder Antworten auf schwierige Fragen in ihren Gedanken durch. Schauspieler, Komponisten, Regisseure, Spitzenköche, Feuerwehrmänner, Polizisten und viele weitere Berufe nutzen die Techniken der mentalen Vorstellung, um sich auf nicht vorhersehbare Situationen und nicht trainierbare Momente zumindest im Geiste vorzubereiten.

Ziel des mentalen Trainings ist allerdings nicht nur eine Steigerung der Leistung, sondern auch eine bessere Informationsverarbeitung, eine höhere Qualität des eigenen Lebens und ein gefühlvolles seelisches Gleichgewicht. Mentales Training kann also nicht nur im Sport, sondern bei verschiedensten Themen des beruflichen und privaten Alltags eingesetzt werden. Das schnelle Erlernen neuer Bewegungsabläufe, das aktive Beeinflussen von Gefühlen, wie beispielsweise Angst oder Unsicherheit, oder die Steigerung des Selbstvertrauens können durch mentales Training gesteuert werden.

Die Themenpalette ist riesengroß, und wer den Werkzeugkasten des mentalen Trainings positiv für sich nutzt, der wird damit vieles in seinem Leben bereichern. Ich treffe immer wieder Menschen, die mir erzählen, dass sie mit mentalem Training bei sich selbst wenig bewirken konnten. Zum Beispiel höre ich immer wieder, dass sie mit autogenem Training begonnen haben, dass es aber auf Dauer nicht den erwünschten Erfolg gebracht hat. Autogenes Training ist eine mentale Entspannungstechnik, die durch eine Art Selbstgesprächsmanagement innere Ruhe bewirken soll. Mehr zu dieser Technik und wie du damit Erfolg haben wirst, kannst du später noch erfahren. Allerdings kann es durchaus der Fall sein, dass du mit dieser Technik keine Entspannung und Ruhe bei dir auslöst und dass sie nicht funktioniert. Mentales Training ist wie ein Kuchen: Viele Zutaten ergeben nach einiger Zeit im Backrohr das gewünschte Ergebnis. Aber vielleicht schmeckt dir kein Guglhupf, sondern eine Schokoladentorte kommt mehr nach deinem Geschmack. Und genau diesen Geschmacksunterschied gibt es auch im mentalen Training. Die Zutaten sind die Techniken, und diese kannst du wie einen Werkzeugkoffer betrachten. Was für dich perfekt funktioniert, muss für deine Freunde nicht unbedingt auch gut sein.

Mentales Training obliegt allerdings nicht strengen Regeln der Mathematik, vielmehr ist es ein gefühlvolles Herantasten und Ausprobieren unterschiedlicher Systeme und dann ein konsequentes Üben und Trainieren der passenden und individuell wirksamen Abläufe.

Wer also beispielsweise mit autogenem Training keine Erfolge feiert, bei dem funktioniert nur diese eine Technik nicht optimal. Deshalb aber von einem Misserfolg im mentalen Training zu sprechen wäre so, als ob man schon während der Autofahrt zum Badesee feststellen möchte, dass das Wasser zu kalt ist.

Die besten Erfolge werden im Mentaltraining dann gefeiert, wenn man Freude am Suchen der besten Techniken verspürt, keine Scheu vorm Ausprobieren entwickelt und absolut keine Vorurteile vor Unbekanntem zulässt. Zudem sind der Glaube an die Wirksamkeit und das Vertrauen in einzelne Techniken schon wichtige Schritte in die positive Richtung. Was mir immer schon bei der Vermittlung dieses Themas ausgesprochen wichtig war, ist die anti-esoterische Ausgangslage: Kein Stein, kein Wasser und auch keine fremden Energien wirken hier auf dich ein und wollen dir Heilsames versprechen – nein, nur du bist es, der durch Zuhilfenahme eines Werkzeugkoffers selbst an sich etwas Positives verändern und verstärken kann. Übersetzt heißt das auch, dass du am Ende für die Wirkung voll verantwortlich bist, dass du selbst entscheidest, was dir guttut und was nicht, und dass du alles selbst steuerst!

Mentalübung

Damit du für dich testen kannst, wie Mentaltraining im Emotionsbereich wirklich funktioniert, lass dich auf folgende Übung ein. Schließe deine Augen und reise in deinen Gedanken an einen Moment zurück, in dem du dich wirklich sehr glücklich gefühlt hast. Ein Moment, der frei von Sorgen und Problemen war. Stell dir so bildlich wie möglich viele Details dieses Momentes vor und versuche dieses Gefühl noch einmal zu erleben. Durch diesen gedanklichen Ablauf werden die gleichen Reize wieder abgerufen, und dein Gehirn erlebt dieses Gefühl noch einmal. Im besten Falle kannst du dich durch diese Vorstellung sogar real glücklich fühlen.

Die 5 Elemente der mentalen Stärke

Wenn du mein Tourprogramm „Mentale Stärke für Österreich" besucht hast, dann wirst du jetzt bemerken, dass auch hier in diesem Buch das Geheimnis der fünf Elemente zur mentalen

Stärke eines Menschen genau jene sind, wie sie in der Live-Show präsentiert wurden. Meine Vision war es schon seit Jahren, eine faszinierende Mischung aus Vortrag und Show zu entwickeln, wobei ich mit spannenden Mitmachexperimenten zeigen kann, was mentale Stärke wirklich bedeutet und welche Elemente uns innerlich wirklich wachsen lassen. Wie man diese Elemente nun auch trainiert und verbessert – genau das ist Inhalt dieses Buches bis zur letzten Seite. Meine Philosophie ist, dass wir bei uns zuerst Faszination für ein Thema auslösen müssen, damit wir uns intensiver und länger mit solchen Themen auseinandersetzen. Die Erfolgsgeheimnisse zum Dranbleiben, Durchhalten und Motivieren wirst du in diesem Buch in einem eigenen Kapitel noch sehr genau wiederfinden. Das ist auch die Absicht der Live-Tour durch Österreich, nämlich möglichst viele Menschen von der Wirkung und der Kraft des eigenen Geistes zu überzeugen, damit jeder Zuschauer dann an sich selbst individuell weiterarbeiten kann.

Insbesondere nach einem Ereignis wie der Coronakrise bin ich davon überzeugt, dass wir durch die mentale Stärke in uns noch mehr Gutes für uns selbst, aber auch für andere bewirken können. Stark sein für neue Krisen, die noch kommen können, und trotzdem einen optimistischen Blick nach vorne zu haben, das ist geistige Landesverteidigung.

Was sind nun diese geheimnisvollen Elemente, die für echte mentale Stärke stehen? Es sind die für mich wichtigsten Soft Skills, die gemeinsam so viel Kraft haben, um dich mental für alle Herausforderungen im Leben zu rüsten. Es sind unsere größten Fähigkeiten, die wir für Unglaubliches nutzen können. Wenn wir die mentalen fünf Elemente sinnvoll nutzen, können wir Höchstleistungen erbringen.

Element 1 ist die Fähigkeit der Entspannung. Damit ist nicht Schlafen gemeint, sondern sich in wichtigen Momenten ruhig zu fühlen oder auch in stressigen Situationen die nötige gelassene Grundhaltung wiederherstellen zu können. Diese Fähigkeit ist die Mutter aller menschlichen Eigenschaften, da innere Ruhe die Basis für jegliches mentales Arbeiten bildet.

Element 2 ist die Fähigkeit des Selbstvertrauens. Als Selbstvertrauen bezeichnet man das Vertrauen in die eigenen Kräfte und Fähigkeiten. Wer Selbstvertrauen hat, fühlt sich sicher, stark, kompetent und mutig. Mit Selbstvertrauen blicken wir optimistisch auf bevorstehende Herausforderungen und vertrauen uns selbst, diese erfolgreich zu meistern. Wir fällen auch Entschlüsse, um Unangenehmes, Unsicheres oder sogar Gefährliches zu tun oder auch eben zu verweigern und nicht zu tun.

Element 3 ist die Fähigkeit der Konzentration. Sich auf eine wesentliche Sache im entscheidenden Moment konzentrieren zu können und den Fokus zu halten ist richtungsweisend für Erfolgstaten. Auch das Ausblenden von Störfaktoren, damit wir nicht abgelenkt sind und uns eben auf das Wichtige konzentrieren können, macht ein erfolgreiches Fokussieren möglich.

Element 4 steht für positives Denken. Diese Eigenschaft bringt dir eine optimistische Sichtweise und einen guten Blick nach vorne. Das Nachdenken über negative Auswirkungen ist einer der größten Stressfaktoren. Das positive Denken hingegen bringt dich dazu, die Zukunft und somit auch dein Handeln und Wirken nicht sofort, bevor es überhaupt richtig begonnen hat, zu kritisieren oder sogar abzuwürgen.

Und das fünfte und letzte Element nennt sich Motivation – ein berühmtes Wort, das leider oft nur noch als Floskel verwendet wird. Motivation ist allerdings, wie schon der Begriff selbst sagt, der wichtigste Grund, warum wir uns bewegen und unsere Ziele erreichen möchten. Stärkst du diese Fähigkeit, dann wirst du um vieles leichter deine zukünftigen Wege beschreiten.

Nun kennst du die fünf wichtigsten Elemente, um deine mentale Stärke noch mehr zu aktivieren und in deinem Alltag einzusetzen. Alles Wichtige dazu wirst du jetzt in den nächsten Kapiteln mit vielen Übungen und Anleitungen erfahren.

Übernimm jetzt die Regie über dich und leg los

Bei einer Autofahrt in Niederösterreich im Pielachtal, im bekannten Mostviertel, fuhr ein als Wohnmobil umgebauter Pickup einige Minuten lang vor mir. Die sehr deutliche Aufschrift „Aus einem BALD sollte man viel öfter ein JETZT machen, bevor daraus ein NIE wird" zierte sehr auffällig die Rückseite des Wohnmobils. Ich musste einfach nur schmunzeln, denn an diesem Tag hatte ich mir am Morgen vorgenommen, genau über dieses Thema ein Kapitel zu schreiben. Und dieser Spruch passt hervorragend dazu, denn es geht darum, „jetzt" mit deinem Training der mentalen Stärke zu beginnen, nicht „bald", sondern eben „jetzt", bevor daraus „nie" wird. Während der Fahrt konnte ich einfach nicht anders, als ein schnelles Foto für dieses Buch zu machen. Auf der nächsten Seite siehst du dieses Bild der Autofahrt, und es soll dich motivieren, deine Reise und deine Regie über deine mentale Stärke so rasch wie möglich zu beginnen. So wie der Lenker dieses Wohnmobils seine Reisen einfach jetzt startet, nicht lange hin und her überlegt, den Impuls der Zeit nutzt, um Neues zu entdecken und zu erforschen. Auch du kannst einfach jetzt damit beginnen. Meine Empfehlung ist, gar nicht mehr zu warten, keine Zeit mehr vergehen zu lassen.

Jede Sekunde deines Lebens ist zu wertvoll, um nicht sinnlos vertan zu werden. Laut einer Studie der Universität von Scranton in den USA scheitern 92 Prozent der Menschen daran, ihre Vorhaben auch wirklich in die Tat umzusetzen. Vergessen wir einmal diese Zahl – eins steht fest: Es sind sehr wenige, die ihre Ziele wirklich erreichen.

Das Geheimnis des Erfolges der wenigen liegt sehr stark an

der konkreten, realistischen und schriftlichen Zielformulierung, an den Belohnungen durch Erreichen von Teilzielen, der Freude an Herausforderungen, am Erkennen des Sinns der Tätigkeit, am bedingungslosen Durchhaltevermögen und am sofortigen Beginnen. In der folgenden Grafik erkennst du den langfristigen Erfolg durch die Summe aller wesentlichen Einzelteile.

Hier kannst du nun dieses Erfolgsgeheimnis für dich umsetzen und die nachfolgenden Fragen schriftlich beantworten und ausfüllen.

10 MIN

Was ist dein Ziel? Was möchtest du mit dem Lesen dieses Buches erreichen?

_____

_____

Was löst bei dir besondere Freude aus, wenn du an deinem Ziel arbeitest?

_____

_____

Welchen Sinn hat es, an deinem Ziel zu arbeiten?

_____

_____

Wann wirst du beginnen?

_____

An dieser Grafik oben siehst du noch einmal, wie wichtig die Entscheidung ist, sich mit seinen Vorhaben zu befassen und augenblicklich tätig zu werden. Der lange Balken nach oben zeigt die sehr starke Chance einer erfolgreichen Umsetzung beim sofortigen Beginnen. Der kleinere mittlere Balken steht für die minimale Restwahrscheinlichkeit, dass sich bei einem erst baldigen Beginn der Erfolg einstellen wird. Startest du spät die ersten Schritte, besteht eine rund 92-prozentige Wahrscheinlichkeit, dass du dein Ziel niemals erreichen wirst. Der Schlüssel trägt also den Namen „Jetzt"! Übernimm jetzt die Regie über dich und stärke deine mentalen Fähigkeiten, damit du so lange wie nur möglich in deinem Leben davon auch profitieren kannst. Jeder vergeudete Tag ist ein verlorener Tag, und die folgende Frage dazu steht im Raum: Warum warten? Niemand kann dich zwingen, aber ich kann eines für dich tun: dich motivieren, dass jetzt und heute der beste Tag ist, um zu beginnen. Es gibt keinen Grund, warum es nicht heute losgehen kann. Anstatt deine mentale Stärke als etwas anzusehen, was du irgendwann einmal erreichen könntest, beginne jetzt die Zukunft ins Hier und Jetzt zu holen. Freue dich auf das Umsetzen eines neuen, großartigen Lebensgefühls, denn im mentalen Training geht es nicht nur darum, etwas Neues zu lernen, sondern auch darum, dasjenige herauszuholen, was in dir steckt, und es positiv zu nutzen.

Nach diesen unzähligen, spürbar tiefgehenden Pandemieerlebnissen können wir für uns selbst – neben der körperlichen Gesundheit und neben einem starken Immunsystem – auch das geistige Immunsystem aktivieren. Mentale Stärke steht für unsere Widerstandskraft, die wir gerade nach dieser belastenden Zeit dringend benötigen. Zusätzlich wird es in Zeiten wie diesen immer wichtiger, den Kopf freizubekommen. Negative Gedanken belasten unser psychisches Immunsystem und blockieren das volle Entfalten dieser Widerstandskraft. Du hast diese Kraft in dir, befreie deinen Kopf von allem, was belastet, und glaube an deine innere Stärke. Mit dieser Kraft bist du ganz alleine der Komponist und Dirigent deines Lebens. Also, übernimm jetzt Regie über dich und leg los!

„Du bist ganz alleine der Komponist und Dirigent deines Lebens!"

Manuel Horeth

Was du Unglaubliches über mentale Stärke gelesen hast!

- Es gibt Fähigkeiten, die wir für uns oder gegen uns einsetzen.
- Soft Skills sind persönliche Fähigkeiten.
- Unzählige Studien belegen, dass die mentale Vorbereitung der entscheidende Faktor für Topleistungen im Sport ist.
- Der Begriff „mentales Training" bedeutet das Üben und Trainieren nur in der gedanklichen Vorstellung.
- Das Vorbereiten auf den Wettkampf, das Abrufen des eigenen Könnens im Wettkampf und auch die Regeneration danach sind die wesentlichen Bestandteile des mentalen Trainings.
- Das schnelle Erlernen neuer Bewegungsabläufe und das aktive Beeinflussen von Gefühlen können durch mentales Training gesteuert werden.
- Viele Berufe nutzen Techniken der mentalen Vorstellung, um sich auf nicht vorhersehbare Situationen geistig vorzubereiten.
- Flow bezeichnet den perfekten Zustand für einen Wettkampf, bei dem man das Gefühl hat, dass alles wie von selbst läuft.
- Die fünf Elemente der mentalen Stärke: Entspannung, Selbstvertrauen, Konzentration, positives Denken und Motivation.
- Mentale Stärke steht für unsere Widerstandskraft, die wir gerade in Krisenzeiten dringend benötigen.

Entspannung

Wie du wirklich entspannst!

Seit vielen Jahren entwickle ich gemeinsam mit Spitzensportlern aus unterschiedlichsten Bereichen mentale Wettkampfprogramme. Entspannungstechniken sowie Regenerationsübungen sind hier einerseits die Basis für professionelles mentales Arbeiten, andererseits auch äußerst wichtige Erfolgsbausteine für eine gute, konstante Leistung. Ich möchte dir nun in diesem Kapitel meine persönlichen Erfahrungen sowie wirkungsvolle Erkenntnisse aus dem Entspannungstraining im Profisport weitergeben. Ich werde dir meine perfekte Technik zeigen, wie du Entspannung wirklich effizient trainieren kannst.

Das erste Element der mentalen Stärke heißt Entspannung. Du kannst bald die Methode kennenlernen, wie du in negativen Momenten, bei belastenden Gedanken oder auch im Alltagsstress wieder schneller innere Ruhe, Gelassenheit und Entspannung aktivierst.

Bevor ich dir sehr genau und anschaulich diesen wirksamen Ablauf zeige, möchte ich dich mit einigen spannenden Fakten überzeugen. Überzeugen, dass Entspannung die Mutter der mentalen Stärke ist und dass du damit wahre Wunder vollbringen kannst. Ich verrate dir Hintergründe, die ganz deutlich aufzeigen, was Entspannung für uns Menschen Unglaubliches bedeutet. Wofür steht Entspannung genau und warum tut sie uns so gut? Dazu wirst du auf den nächsten Seiten ein paar faszinierende Antworten bekommen.

Was wirst du in diesem Kapitel nicht erfahren? Du wirst keine Liste von A–Z an Entspannungstechniken finden, die ohne Zusammenhang aufgeführt werden. Hierzu ist der Büchermarkt schon gut bestückt, und ich kann dir mein Buch „Die Relaxformel" sehr ans Herz legen, weil du darin – sehr kompakt und verständlich erklärt – viele Techniken ausprobieren kannst.

Jetzt geht es allerdings um die Master-Technik, um die Profiversion des mentalen Entspannungstrainings. Eine Methode, die funktioniert! Die Bezeichnung „Ich bin im Stress" verbinden wir im Allgemeinen meist mit einem negativen Zustand. Die meisten Menschen verbinden Stress also mit dem sogenannten Disstress und nehmen dabei an, jeder Stresszustand sei schlecht. Disstress sorgt für eine stark erhöhte Anspannung des Körpers und führt auf Dauer zu einer Abnahme von Aufmerksamkeit und Leistungsfähigkeit. Disstress wird in erster Linie durch den selbst auferlegten Leistungs- und Zeitdruck ausgelöst. Dieser negative Stress wird von den betroffenen Menschen auch immer als Belastung und Störfaktor wahrgenommen.

Stress an sich steht allerdings für einen weder negativen noch positiven Gefühlsausdruck. Stress kann eine sinnvolle Reaktion sein, die im geschichtlichen Ursprung für das Überleben der Menschen zuständig war.

Der „gute" Stress, auch Eustress genannt, ist hingegen für viele positive Änderungen im Leben verantwortlich. Positiver Stress verstärkt die Aufmerksamkeit und die Leistungsfähigkeit des Körpers. Im Gegensatz zum Disstress wirkt sich Eustress auch bei dauerhaftem Auftreten positiv auf unseren Körper aus, ohne ihm zu schaden – indem er uns motiviert, fröhlich, aber auch kreativ und glücklich macht. Sind wir nicht mehr Herr der Lage, haben wir Momente nicht mehr unter Kontrolle und fehlen uns dauerhaft positive Perspektiven nach vorne, dann kann Disstress anhaltend zu gesundheitlichen Problemen führen. Die Auswirkungen von lang anhaltendem Stress wurden genauestens untersucht. Sind wir über längere Zeit negativem Stress ausgesetzt, bewirkt dies zwar eine kurzzeitige Erhöhung der Widerstandskraft, langfristig kommt es jedoch zu schweren körperlichen Schäden. Man unterscheidet drei Stufen der Reaktion auf

Stressoren: die Alarmreaktion, die Stufe des Widerstandes und am Ende die Phase der totalen Erschöpfung.

Somit kann ganz deutlich gezeigt werden, dass zwischen Disstress beziehungsweise Eustress und unserer Leistungsfähigkeit ein starker Zusammenhang besteht. Sind wir unterfordert, können wir negativen Stress erleben, aber eben auch bei Überforderung. Sind wir aktiv, erleben wir unser eigenes Tun als positiv, und haben wir das Gefühl, Gutes zu bewirken, dann entsteht Eustress. Hier siehst du in der Grafik an der weißen Kurve, wie sich dein Stresslevel durch Unterforderung und Überforderung verändert.

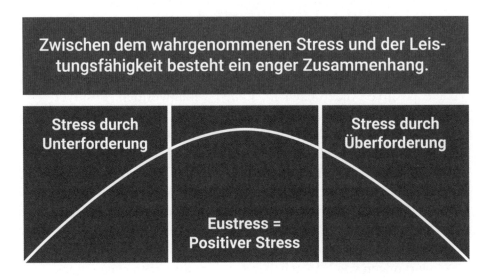

Das Wunder der Entspannung

Das Wort „Entspannung" bedeutet Befreiung und Beendigung von Anstrengung und Spannung. Entspannen zu können ist ein wichtiger Bestandteil unseres Lebens. Entspannung bedeutet innere Ruhe, Gelassenheit und nach einem anstrengenden Tag das tiefe, harmonische Gefühl der Zufriedenheit.

Entspannung ist ein körperlich und geistig spürbarer und messbarer Zustand, der als Gegenpol zur Anspannung gilt. Körperlich gesehen führt eine Entspannungsreaktion dazu, dass Muskelspannung, Hirnaktivität, Herzfrequenz und Blutdruck sinken und die Atmung verlangsamt wird.

Emotional zeigt sich die Entspannungsreaktion als angenehm empfundenes Gefühl. Stressreize hingegen versetzen unseren Körper, wie du auf den letzten Seiten gelesen hast, in einen Alarmzustand, um besser agieren zu können – in die sogenannte Kampf-Flucht-Reaktion. Die Folgen sind beispielsweise erhöhter Herzschlag und Blutdruck, die Atmung wird schneller und tiefer, und die Muskeln sowie das Herz-Kreislauf-System werden mit mehr Blut versorgt. Ziel der Stressreaktion im Körper ist es, für einen bestimmten Moment mehr Energie zu mobilisieren und automatisierte Strategien abzurufen. Vieles, was im Moment wichtig ist, wird ausgeblendet und für kurzfristig unwichtig erklärt. Die Konzentration liegt nur auf dem Stressauslöser, der Bedrohung sozusagen, und darauf, wie das Entkommen aussieht. Je besser trainiert wir für solche Situationen sind, desto vernünftiger reagieren wir dann automatisch.

Dies ist auch eine Aufgabe des mentalen Trainings, solche „Notfall"-Momente gedanklich so oft durchzuspielen, dass wir dann in Wirklichkeit besser reagieren. Diese angeborene Kampf-Flucht-Reaktion des Körpers ist eine sinnvolle Fähigkeit, die wir in uns tragen. Als Jäger und Sammler vor Millionen von Jahren überlebensnotwendig, jetzt in der Zeit von Smartphones und Elektroautos muss es jedoch nicht mehr nur Kampf oder Flucht sein. Eines ist allerdings das Wichtigste: Ist der Stressmoment vorbei, entspannen wir uns wieder in einer Regenerationsphase. Bleibt allerdings der Alarmzustand aufrecht, dann kann das zu Dauerstress führen, wodurch unser Körper aus dem Rhythmus gerät.

Mentalübung

5 MIN

Stelle dir einen Moment der nächsten Tagen vor, in dem du Stress erleben könntest. Wichtig ist, kurz zu überlegen, was der Auslöser für diesen Stressmoment sein könnte. Das mentale Training dazu sieht so aus: Visualisiere diesen Stressmoment und stelle dir bildlich genau vor, wie du positiv reagieren wirst, welche Fähigkeiten du einsetzen wirst, um den auf dich wirkenden Stressfaktor so gering wie möglich zu halten. Abschließend stelle dir vor, wie du entspannt und gelassen diese Situation bewältigt hast.

Das Wunder der Entspannung

Was bewirkt nun das Wunder der Entspannungsfähigkeit in uns genau? Bei Entspannung findet in dir eine Deaktivierung bestimmter körperlicher Funktionen statt. Das vegetative Nervensystem schaltet auf Erholung und Regeneration um. Dadurch wird die Aktivität des Sympathicus – das ist unser Leistungsbringer – reduziert und die Aktivität des Parasympathicus, der für deine Erholung sorgt, gesteigert. Die Ausschüttung von Stresshormonen wird gestoppt.

Die vorhin beschriebene Kampf-Flucht-Reaktion, die bei Stress ausgelöst wird, wird nun nicht mehr gebraucht, und dein Körper kann zur Ruhe kommen. Beobachtbare und messbare Fakten für einen entspannten Zustand in dir sind auch eine weiche und lockere Muskulatur, gleichmäßiger und langsamer Pulsschlag, ruhige, flache Atmung, Wärmegefühl durch Gefäßerweiterung sowie eine angeregte Verdauung.

Für unser Gehirn ist ein Entspannungszustand nicht nur ein Wohlfühlzustand, sondern er ist überlebensnotwendig für unsere Leistungsfähigkeit. Negative Gedanken verschwinden. Ein Gefühl von innerer Zufriedenheit und Gelassenheit macht sich in dir breit. Wir werden ruhiger und gelassener. An die Stelle von Reizbarkeit, Hektik und Aggressivität tritt ein positiver Umgang mit deinen Mitmenschen. Du förderst deine Empathie, wirst also mitfühlender für die Emotionen anderer und kannst das innere Erleben deiner Mitmenschen besser verstehen. Die Entspannungsreaktion entfernt und bereinigt, was die Stressreaktion bei dir verursacht hat. Sie bringt deinen Körper zurück in die Balance und in friedliche Stimmung. Entspannung erhöht unsere Energie, verbessert unsere Fähigkeiten der Problemlösung und kurbelt die Motivation und die Produktivität an.

In sechs kurzen Sätzen auf den Punkt gebracht, bewirkt Entspannung bei dir Folgendes:

Entspannung fördert innere Ruhe und Gelassenheit.
Entspannung verändert Gedanken und Emotionen positiv.
Entspannung verbessert die Körperwahrnehmung.
Entspannung erhöht Konzentration und Leistungsfähigkeit.
Entspannung steigert Stabilität und Widerstandskraft.
Entspannung stärkt Immunsystem und Wohlbefinden.

Professor Psycho

Unser Jungbrunnen „Entspannung"

Der Autor Deepak Chopra fand im Jahr 2004 heraus, dass die äußere Erscheinung von Langzeitmeditierenden fast zwölf Jahre unter ihrem biologischen Alter liegt. Das liegt daran, dass im entspannten Zustand zum einen ein Jungmacher-Hormon (Dehydroepiandrosteron, DHEA) ausgeschüttet wird und zum anderen mehr Wachstumshormone produziert werden, die ebenfalls eine verjüngende Wirkung haben. Demnach macht regelmäßige Entspannung nachweislich wieder schön und jung.

Der Schlaf ist die Basis

Ein erholsamer, tiefer Schlaf ist die Basis zum Aufladen unserer Lebensenergie. Schlafforscher bezeugen die Auswirkungen des gesunden Schlafes als Kraftquelle, die uns fit, leistungsstark und lebensfroh macht.

Gut schlafen und gesund, frisch und erholt wieder aufzuwachen, das sollte für jeden von uns die Normalität sein. Ist es aber leider nicht! Beispielsweise leiden Menschen, die schon vor dem Einschlafen mit Sorgen und Ängsten an den nächsten Tag denken, häufig unter Schlafproblemen. Das berühmte Grübeln kann ein wahrer Schlaftöter sein. Schlafschwierigkeiten sind außerdem sehr lästig, anstrengend und manchmal sogar wirklich gefährlich.

Im Zweiten Weltkrieg und auch später wurde mit Schlafentzug als Folterinstrument experimentiert. Der Schlafentzug erwies sich als besonders effektiv, um einen Menschen seelisch zu brechen. Nach sieben Tagen ohne Schlaf wurden die meisten Opfer verrückt und geisteskrank.

Am Ende eines hektischen, stressigen Tages gelingt es vielen Menschen nicht, einzuschlafen und sich zu erholen. Obwohl der Körper müde ist, kann er aufgrund von Unruhe und immer wiederkehrenden Gedanken einfach nicht abschalten. Das Einschlafen und das Durchschlafen können dadurch erheblich gestört werden. Mithilfe gezielter Entspannungstechniken können Körper und Geist zur Ruhe kommen und somit zum besseren und erholsameren Schlaf verhelfen. Aus meinem Buch „Die Relaxformel" möchte ich dir die wichtigsten acht Regeln für einen gesunden Schlaf sehr ans Herz legen – als Basis für deine persönliche Entspannung.

Die Schlafhygiene:

Manchmal sind es ganz einfache Dinge, die den Schlaf stören, wie Helligkeit oder Lärm. Kontrolliere dein Schlafambiente, ob hier Störfaktoren zu finden sind. Wo steht der Fernseher? Wie viel Ruhe herrscht im Schlafzimmer? Kannst du das Zimmer genügend abdunkeln?

Das Schlafpensum:

Finde heraus, wie viel Schlaf für dich am besten ist. Für den einen reichen schon sechs Stunden, der andere braucht hingegen acht Stunden, um sich richtig ausgeschlafen zu fühlen. Schlafe nicht länger als nötig, denn zu lange schlafen kann eher schaden als nutzen.

Die Gedankenruhe:

Gehe auf keinen Fall mit ungelösten Konflikten ins Bett. Man nimmt die Gedanken an unerledigte Aufgaben oder ungelöste Probleme gerne mit ins Bett, muss weiter daran denken und bleibt dadurch wach. Versuche vor dem Zubettgehen gedanklich, deine Konflikte zu lösen und, falls dies nicht möglich ist, sie gedanklich auch in einen Raum zu sperren, den du zusperren kannst und aus dem du sie am nächsten Tag erst wieder herausholst.

Die Ernährung:

Am besten verzichtest du vor dem Schlafengehen auf anregende Getränke und auf Alkohol. Alkohol macht zwar schläfrig, stört aber trotzdem den Schlaf. Keine schweren Mahlzeiten am Abend! Damit verhinderst du Verdauungsbeschwerden, die den Schlaf erheblich beeinträchtigen können.

Die Gewohnheit:

Zur Einstimmung auf die Schlafenszeit sind immer wiederkehrende Abläufe sinnvoll. Regelmäßig zur gleichen Zeit ins Bett zu gehen bringt einen bestimmten Schlafrhythmus, der sich auf die Schlafqualität positiv auswirkt.

Kein Kampf:

Schlaf lässt sich nicht erzwingen. Eigentlich ist das Gegenteil der Fall, denn sich verbissen anzustrengen, nun endlich einzuschlafen, vertreibt den Schlaf erst recht. Am besten nochmals das Bett verlassen und sich mit angenehmen Dingen beschäftigen, bis die Augen müde werden.

Der Kuschelfaktor:

Ein wohliges, angenehmes, tiefes Einsinken in das Bett erhöht die Schlafbereitschaft. Alles, was im Schlafzimmer ein wohliges Gefühl bei dir auslöst, kann hier förderlich sein. Weiche Bettwäsche oder ein kuscheliger Polster – deiner Wohlfühlfantasie sind keine Grenzen gesetzt.

Für einen gesunden Schlaf ist das persönliche Beobachten von Anspannung und Entspannung des eigenen Körpers eine wichtige Grundlage. Bin ich angespannt, bedarf es einer Reaktion und aktiven Tätigkeit zur Entspannung. Bin ich entspannt, darf ich mich wohlfühlen und genießen. Wer länger als sechs Wochen Schlafprobleme bei sich beobachtet, diese nicht in den Griff bekommt, meistens länger als 15 Minuten zum Einschlafen braucht oder nachts öfter aufwacht, sollte unbedingt ärztliche Hilfe in Anspruch nehmen.

Dem weit verbreiteten Vorurteil „Schlafen ist reine Zeitvergeudung" möchte ich hier ganz klar widersprechen. Schlafen wirkt wie ein Lebenselixier, wie das Ladegerät deines Smartphones, das deine Batterie jeden Tag neu auflädt.

Die Kraft des Schlafes

Die Entspannungstypen

In der Regel unterscheidet man folgende drei Entspannungstypen beim Menschen: den visuellen, den auditiven und den kinästhetischen Typ. Üblicherweise finden sich oft Mischformen der verschiedenen Typen, und nur selten kommen sie in Reinform vor. Ist man eher ein visueller Typ, so spricht man am besten auf Bilder und Farben an. Visuelle Eindrücke und Reize bleiben besser im Gedächtnis gespeichert. Darüber hinaus können sich Menschen dieses Typs Situationen gut bildlich vorstellen. Visualisierungstechniken eignen sich daher sehr gut für visuelle Menschen, um besser zu entspannen. Eine gute Entspannungsmöglichkeit für auditiv veranlagte Menschen sind Entspannungstechniken, die auf der Grundlage von Musik oder gesprochenen Glaubenssätzen beruhen.

Kinästhetisch veranlagte Menschen hingegen entspannen am besten mit Hilfe von körperlichen Methoden wie Yoga oder der Muskelentspannungstechnik. Diese Standardeinteilung in Entspannungstypen möchte ich hier erweitern und auch noch den olfaktorischen Typ erwähnen: Menschen mit ausgeprägtem Geruchs- und Geschmackssinn. Ich persönliche zähle mich stark zu dieser Kategorie, da mich eine duftende Umgebung unglaublich entspannen kann. Allerdings löst auch das Gegenteil in mir Stress und Anspannung aus.

„Schlafen ist pure Entspannung und Regeneration!"
Manuel Horeth

Entspannung

5 MIN

Mentalübung

Schaue dir das Bild der Tasse Kaffee genau an und schließe danach deine Augen. Erinnere dich dann zurück an das Foto und beobachte, ob du dich eher an das Bild, an den Geschmack oder an den Duft des Kaffees erinnerst. So kannst du sofort deinen stärksten Sinneskanal für mentale Vorstellungen erkennen.

Der eine muss 20 Kilometer laufen, der andere hört stimmungsvolle Balladen, ein Dritter malt sich im Kopf eine wunderbare Landschaft aus, um den Stress des Tages abzuschütteln. Der akustische Entspannungstyp denkt beim Begriff „Meer" sofort an das angenehme Rauschen der Wellen. Für ihn funktioniert Entspannung am besten über die Ohren: mit Musik, Naturgeräuschen, gesprochenen Entspannungssätzen oder mit einer Fantasiereise zum Zuhören. Welcher Musikgeschmack oder auch welche Geräusche am besten funktionieren, muss jeder für sich selbst ausprobieren.

Mit dem talentierten und noch sehr jungen Komponisten Philipp Schinwald arbeitete ich über ein Jahr lang an der Titelmusik zur Tour „Mentale Stärke für Österreich". Wir beschäftigten uns sehr intensiv mit der Verbindung der mentalen Themen und der dazu passenden Musik. Das Ergebnis ist nicht nur ein wunderbar kraftvoller Soundtrack, vielmehr gibt es dazu viele Extras, wie etwa einzigartige Entspannungsmelodien. Diese komponierte Philipp aufgrund einer wissenschaftlich fundierten Basis. Wir nennen sie die „Essenz" und gestalteten einige Entspannungssongs auf ihrer Grundlage. Wie die Bausteine und Erkenntnisse der „Essenz" klingen und was für eine entspannende Musik wir mit ihr produziert haben, kannst du dir auf „Digital Mental" sehr gerne anhören.

Der visuelle Entspannungstyp verwandelt Worte und Gedanken sofort in innere Bilder. Für ihn eignen sich etwa Meditationen, in die beruhigende Bilder eingebaut werden. Zur Entspannung ist es hilfreich, Erinnerungen an Situationen wachzurufen, in denen man sich sicher, ruhig und entspannt gefühlt hat. Solche Visualisierungen bieten sich für kleinere Auszeiten im Alltag an.

Der Bewegungs-Entspannungstyp wird auch kinästhetischer Typ genannt. Er erfühlt Dinge oder sich selbst, bevor er geistig reflektiert. Über Bewegung wie Spazierengehen, Yoga oder auch über wohltuende Sinnesempfindungen wie eine Massage kann er besonders gut entspannen. Zu dieser Gruppe gehört auch der Workout-Typ, der sich nach einem stressigen Tag erst körperlich verausgaben muss, bevor er zur Ruhe kommen kann.

Mein Insider-Tipp für dich

Finde heraus, welcher Entspannungstyp du bist. Beobachte dich in entspannten Momenten, was dir besonders intensiv auffällt und woran du dich nachträglich am besten erinnerst. Wenn du dich in Ruhemomenten stärker auf deinen wichtigsten Entspannungskanal (Sehen, Hören, Riechen, Tasten, Schmecken) konzentrierst, wirst du deine Ruhe mehr genießen können. Fällt dir bei einem Spaziergang in der Natur auf, wie angenehm das Rauschen des Baches gerade ist, dann bleib für ein paar Minuten stehen und konzentriere dich nur auf das, was du hörst. Schließe deine Augen dabei und genieße das Rauschen des Baches ganz für dich alleine.

Das Relax-Setup

Wie bereits erwähnt, war meine Herangehensweise an dieses Buch, dir keinen bunten Bauchladen an unterschiedlichen Mentaltechniken zu vermitteln. Meine Methode steht für ein System, das du bei allen Elementen der mentalen Stärke anwenden kannst. In diesem Kapitel beginnen wir damit, deine Entspannungsfähigkeit zu trainieren – die Basis deiner Gedankenkraft. Ein System, das im Spitzensport perfekt für Höchstleistungen funktioniert und dich somit auch im beruflichen und privaten Alltag sehr gut unterstützen kann. In meinem für dich gestalteten Programm, aus dessen Einzelteilen das Relax-Setup besteht, verbinde ich Musik mit mentalen Techniken in einer definierten Reihenfolge. Dies wird kombiniert mit festgelegten Inhalten und einer geregelten, immer gleichbleibenden Dauer. Ich werde dir auf den nächsten Seiten diesen Ablauf mit allen Feinheiten beschreiben, und du wirst dies auch grafisch in einer Abbildung genau mitverfolgen können.

Damit du dann wie ein Spitzensportler üben kannst, findest du später die dazu passende Hörübung zum kostenfreien Download auf „Digital Mental". Es ist ähnlich einem Mitmachprogramm zum Anhören, in dem ich dich durch alle Aufgaben führe – mit dem Ziel der Entspannung – und dich lehre, dies wie einen Muskel zu trainieren. Du kannst es für die Stärkung deiner Ruhe und Gelassenheit nutzen – so oft und so intensiv es gewünscht und notwendig ist.

Das Relax-Setup besteht aus folgenden Tools: Tool 1 ist entspannende Musik. Warum? Die Antwort ist simpel und wissenschaftlich vielfach belegt. Musik wirkt entspannend auf unseren Organismus. In vielen Untersuchungen konnte man sehr gut beweisen, dass die Testpersonen nach dem Hören von entspannender Musik deutlich weniger Stresswerte im Blut hatten als jene Testpersonen, die keine Musik hörten.

Tool 2 ist die Bauchatmung. Mit der Bauchatmung weitet sich der Bauch beim Einatmen spürbar aus. Beim tiefen Ausatmen drückt das Zwerchfell die Lunge wieder nach oben. Viele internationale Studien belegen sehr genau, dass die tiefe Bauchatmung unterstützend helfen kann, Stress zu reduzieren und grundsätzlich eine erleichterte und entspannende Wirkung zu erzeugen.

Tool 3 ist die Visualisierung. Sich Bilder im Kopf zu denken und sich Abläufe vorzustellen kann eine unglaublich große Macht auf uns ausüben. Diese Imaginationsfähigkeit ist, wie du schon in diesem Buch gelesen hast, eine Fähigkeit, wirksam im Guten wie auch im Schlechten. Positive innere Bilder zu visualisieren, wie beispielsweise sich einen entspannenden Ruheort vorzustellen, den man schon besucht hat, wirkt auf uns dementsprechend beruhigend. Negative innere Bilder von Sorgen können aber auch dauerhaften Stress erzeugen und das Leben unangenehm beeinflussen. In meinem Programm für dich nutzen wir deine inneren Bilder und deine kraftvollen inneren Vorstellungen von erholsamen Momenten sehr wirkungsvoll für die Entspannung.

Tool 4 des Relax-Setups nennt sich Affirmation. Der Begriff der Affirmation wird gerne als Glaubenssatz umschrieben. Er beschreibt ein wiederholtes Denken eines Satzes oder Begriffes, der den aktuellen Zustand bestätigen oder den gewünschten Zielzustand schneller herbeiführen und unterstützen soll. Umschrieben bedeutet dies einerseits, dass wir, wenn wir uns, während wir entspannt sind, auch noch selbst sagen „Ich bin entspannt", diesen Ruhezustand noch mehr glauben und darauf vertrauen. Und andererseits, wenn wir es noch nicht sind, auch schneller in den Entspannungszustand kommen. Wesentlich für den letzten Teil des Entspannungsablaufes und Mitmachprogramms ist die Überzeugung, auch wirklich den Zustand der Ruhe erreicht

Das Relax-Setup

zu haben. Und eine Überzeugung ist nur ein Gedanke, den man durch Wiederholungen oft genug gedacht hat. Durch die Affirmationen und Denkwiederholungen von beispielsweise „Ich fühle mich entspannt" oder „Jetzt bin ich gelassen und ruhig" vernetzen sich diese Glaubenssätze im Gehirn. Die Ergebnisse der Hirnforschung zeigen zudem, dass wir die Fähigkeiten besitzen, alte Vernetzungen durch neue zu tauschen – ausgelöst durch Wiederholungen. Unser Gehirn können wir lebenslang formen und verändern, das nennt die Wissenschaft „neuronale Plastizität". Durch wiederholte Affirmationen können wir die neuronale Plastizität zielgerichtet anregen, damit sich die Verbindungen im Gehirn wie gewünscht verändern.

Wie und wann du genau deine Affirmationen nun im Entspannungsablauf denken kannst, erkläre ich dir gleich im nächsten Kapitel.

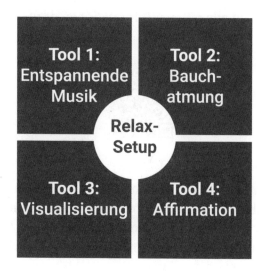

Das Entspannungsprogramm für dich

Dein Relax-Setup ist fertig, und nun kennst du alle Tools, die im folgenden Programm eingebaut sind und auf dich zukommen. Mit diesem Buch hast du exklusiven Zugriff auf von mir produzierte Mitmachprogramme zu allen fünf Elementen der mentalen Stärke, beginnend mit der Entspannung. Die vorhin angeführten Tools des Relax-Setups sind dementsprechend mitberücksichtigt, und ich führe dich mit meiner Stimme durch die Übung. So kannst du dich voll und ganz auf den Inhalt und das Training konzentrieren und brauchst nicht nachzudenken, was genau der Reihenfolge nach zu tun ist.

Damit du starten kannst mit deinem Entspannungsablauf, lade bitte auf „Digital Mental" die passende MP3-Datei auf dein Handy oder deinen Computer. Zur Erinnerung: Am Beginn des Buches findest du alle nötigen Informationen dazu.

Ich möchte dir, bevor du zu üben beginnst, aber den Ablauf kurz beschreiben. Mach es dir bequem, sorge dafür, dass dich in den nächsten Minuten nichts und niemand stören kann. Starte später das Hörprogramm aus dem Download und schließe dann bitte ganz entspannt deine Augen.

Das Entspannungsprogramm für dich

Alle Details dazu wirst du in der Übung von mir hören und ganz einfach mitmachen können. In der ersten Minute wird es um die Bauchatmung gehen, und ich werde dir einen bestimmten Rhythmus vorgeben, der dich in diesen 60 Sekunden körperlich, aber auch gedanklich beruhigen und dir das Gefühl von Leichtigkeit vermitteln soll. Mach später einfach mit und du wirst genau spüren, was ich damit meine. Danach kommt die Aufgabe der Visualisierung. Stelle dir dabei einen Moment gedanklich vor, der für dich in den letzten Tagen oder Wochen besonders entspannend war. Bitte wähle diesen Moment schon, bevor du die Übung startest, damit dann während des Ablaufs keine sinnlose Zeit des Suchens und Überlegens vergeht. Mein Tipp für diese Minute der Visualisierung: Stell dir alles so bildlich wie nur möglich vor, überlege dazu, was deine anderen Sinne damals Entspannendes erlebt haben. Was hast du nicht nur gesehen, sondern geschmeckt, gehört, ertastet oder auch welchen Duft hast du wahrgenommen? Je genauer du Details in deine Visualisierung mit einbauen kannst, desto lebendiger und wirksamer wird sie. Genieße diesen Ablauf in vollen Zügen, lass dich voll und ganz auf deine entspannenden Erinnerungen ein. In der letzten Minute der Übung wirst du dann mit deiner Affirmation deinen Ruhezustand bestätigen, festigen und vernetzen. Bitte wiederhole dann im festgelegten Zeitraum Sätze wie „Ich bin entspannt", „Ich bin gelassen" oder „Ich fühle mich ganz ruhig" immer und immer wieder. So lange, bis du dann hören kannst, dass die Übung zu Ende ist.

Bitte verwende später bei dieser Übung einen guten Kopfhörer, am besten einen möglichst großen, damit du den Klang der Musik und der Stimme angenehm und mit allen Frequenzen wahrnehmen kannst.

Warum funktioniert dieses einzigartige Programm aber so wirksam? Einfache Antwort: Durch die strategische Anordnung der Tools im Relax-Setup. Mit der körperlichen Entspannung der tiefen Bauchatmung kann der Körper zur Ruhe kommen, können stressige Gedanken beiseite rücken und darf die Konzentration auf sich selbst beginnen.

Die darauffolgende Visualisierung, die durch die vorher durchgeführte Atemübung noch lebendiger, bildhafter und emotionaler wird, bewirkt ein intensives Bildererleben zu entspannenden Momenten und somit ein Abrufen gespeicherter Erlebnisse und Gefühle. Die Affirmationen danach bestätigen dann nochmals das Entspannungsgefühl und verstärken es.

Zu guter Letzt kommt die entspannende Musik. Hören wir immer die gleiche Musik mit demselben restlichen Entspannungsablauf, verbinden wir nach vielen Wiederholungen diese Musik dann auch mit Entspannung. Dies bezeichnet die Forschung als klassische Konditionierung. Warum die Konditionierung eine unserer stärksten Fähigkeiten ist und warum sie für dich persönlich von größtem Wert sein kann, möchte ich dir kurz genauer erklären. Sie stellt den wesentlichsten Erfolgsfaktor für das ganze System dar.

Der russische Verhaltensforscher Iwan Petrowitsch Pawlow gab in einem weltberühmten Experiment Hunden ihr Fressen, während gleichzeitig ein kleines Glöckchen läutete. Nach wenigen Wiederholungen dieser Kombination aus Fressen und Glöckchen genügte dann allein das Läuten ohne Fressen, um bei den Hunden einen erhöhten Speichelfluss und eine Nahrungserwartung auszulösen. Die Hunde konditionierten sozusagen den Ton des Glöckchens mit der Erwartung „Jetzt gibt's etwas zu fressen". Auch wir Menschen konditionieren. Wir verknüpfen tagtäglich beliebige Inhalte, die vorher überhaupt nichts miteinander zu tun hatten, mit unserer gleichzeitigen Sinneswahrnehmung.

Professor Psycho

Über die klassische Konditionierung

Die klassische Konditionierung steht für eine Form des Lernens, bei der wir Reize miteinander assoziieren. Wir lernen durch Verknüpfung, durch das sogenannte assoziative Lernen.

Hier werden ein unbedingter und ein bedingter Reiz (Stimulus) miteinander gekoppelt. Dabei löst nach der Konditionierung der bedingte Stimulus dieselbe Reaktion aus wie davor nur der unbedingte Stimulus. Im mentalen Training können wir diese Konditionierung zielgerichtet steuern, um Emotionen zu trainieren und dann später auszulösen, die im Moment noch nicht vorhanden sind.

Je emotionaler das Erlebnis, desto schneller konditionieren wir. Je weniger gefühlvoll das Erlebnis, desto mehr gleichartige Wiederholungen benötigen wir zur Konditionierung – zum Lernen der Verknüpfung. Egal ob Schock oder Glück, wir verknüpfen alle Gefühle beispielsweise mit Gerüchen, Bildern, Farben,

Tönen oder auch Geschmäckern. Dabei spielt auch eben die Musik eine besondere Rolle. Ganz einfach formuliert, bedeutet Konditionierung im Alltag Folgendes: Wenn du jeden Tag in einem entspannten Moment zum Beispiel die gleiche Musik hörst oder auch den gleichen Duft riechst, dann wird nach vielen Wiederholungen das Gefühl von Entspannung mit der Musik oder auch mit dem Duft verbunden sein. Diese Musik oder dieser Duft kann dann diese gespeicherte Entspannung sehr schnell reaktivieren. Hörst du nämlich irgendwo zufällig diese Musik oder riechst zufällig diesen Duft, reagiert dein Gehirn sehr schnell auf diese Wahrnehmung mit dem Gefühl von Entspannung und Ruhe.

Die entspannende Reaktion auf die Musik oder auf den Duft ist dann keine Entscheidung von dir, sondern ein Reflex. Ein Reflex ist sozusagen eine unwillkürliche, schnelle und immer gleichartige Reaktion auf einen bestimmten Reiz. Übst du nun das Programm immer auf die gleiche Art und Weise, wird mit der Zeit die Musik mit deiner Ruhe und Entspannung vernetzt.

Wie du das dann später nutzen kannst, werde ich nach dem ersten Üben des Ablaufes erklären. Dies ist der Hintergrund, warum die Mischung aus den vielen Techniken mit einer zusätzlichen Konditionierung eine so starke Wirkung zeigen kann. Damit man sich die Reihenfolge des Relax-Setups auch bildlich vor der Übung genau ansehen kann, siehst du auf der nächsten Seite den korrekten Ablauf grafisch dargestellt.

> **„Die Natur ist ein sehr gutes Beruhigungsmittel."**
> *Anton Pawlowitsch Tschechow*

🔊 **Starte die Musik und schließe deine Augen**

TRAININGSABLAUF

3 Minuten
1 Song

ATEMÜBUNG
Atme tief in den Bauch ein, spüre die Anspannung und atme danach doppelt so lange wieder aus. Wiederhole dies für ca. 1 Minute.

VISUALISIERUNG
Stelle dir einen Ort bildlich vor, der für dich entspannend ist, und tauche tief in dieses Erlebnis ein. Was siehst du genau, was hört und riecht man dort?

AFFIRMATIONEN
Wiederhole Sätze wie „Ich bin entspannt", „Ich bin ruhig", „Ich bin gelassen" immer wieder gedanklich hintereinander.

Die Programmempfehlungen

Ich hoffe, du hattest sehr entspannende Minuten mit meinem Programm, das ja jetzt ganz deines sein kann. Damit kannst du dich einerseits einfach nur erholen, wann immer du gerade Lust und Laune darauf hast. Aber noch viel wichtiger ist, dass du damit deinen inneren Entspannungsmuskel trainierst, der durch Konditionierung einen Reflex in Richtung Entspannung aktiviert, wenn du es gerade stressig hast.

Falls du deine Fähigkeit der Entspannung stärken willst, dann wiederhole dieses Programm ein paar Mal in der Woche und am besten für ein bis zwei Monate. Übe möglichst immer in einer ruhigen Umgebung ohne Zeitdruck und, falls machbar, ohne innere Stressgefühle. Die größten Fehler im Entspannungstraining machen Menschen, die dann üben, wenn sie sich gerade in einem Stressmoment befinden. Sie hoffen dann, dass es schnell geht und der negative Stress verschwindet. Das wird sehr schwierig – ähnlich dem Heben eines schweren Steines, ohne dafür die Muskeln trainiert zu haben. Trainiere zuerst in Ruhe deinen Entspannungsmuskel und setze ihn dann erst ein, wenn du es perfekt kannst.

Da es ganz alleine in deiner Verantwortung liegt, möchte ich dir keine Regeln vorgeben, wann, wo und wie oft du dieses Programm hören solltest, um damit eine gute Wirkung zu erzielen. Ich möchte dir nur eine Variante zeigen, wie der Übungsplan aussehen könnte. Hier findest du die grundlegenden Richtlinien zum Entspannungsprogramm zusammengefasst:

1. Höre das Programm regelmäßig in den nächsten ein bis zwei Monaten.

2. Höre das Programm in Ruhe und ohne Zeitdruck.

3. Höre das Programm an unterschiedlichen Orten.

Die Programmempfehlungen

4. Sei kreativ, wann und wo du es für dich hören kannst.
5. Genieße die Momente der Entspannung ohne weitere Erwartungshaltungen.
6. Höre das Programm mit Kopfhörer.
7. Bleib einfallsreich und nimm in der Visualisierung öfter neue Entspannungsorte aus deiner Erinnerung.

Die Entspannungswaffe

    Wie du schon gelesen hast, möchte ich dir das Mitmachprogramm als ein Profiwerkzeug anbieten, das du frei nach deinem Geschmack einsetzen kannst. Der Sinn des Programms ist, dass du dich, falls du in einem Stressmoment steckst, durch das Anhören und Mitmachen wieder aus dem Stressgefühl mental zu entfernen vermagst. Sich einfach wohler und entspannter zu fühlen – das macht Sinn und ist ein tolles Tool für den Alltag. Dieser Wechsel von Negativ auf Positiv funktioniert allerdings erst dann sehr gut, wenn du das Programm ein paar Wochen in Ruhe geübt hast, wenn die Musik sich mit dem Gefühl von Entspannung vernetzt hat und wenn du – wie im Schlaf – alle Abläufe gut beherrschst. Erst dann empfehle ich dir, es zu hören, um von einem Stressmoment auf Gelassenheit und Ruhe umzuschalten. Wer am Anfang das Programm immer dann übt, wenn er Stress hat, läuft Gefahr, am Ende die Musik und den Ablauf sogar mit dem Gefühl von Stress zu verbinden. Genau das möchten wir vermeiden. Zuerst muss das Programm ganz klar bei dir für Entspannung stehen, in Ruhemomenten geübt werden, perfekt funktionieren, gewohnt und erprobt sein, und erst dann kannst du es wie eine „Waffe" gegen Stress einsetzen.

Diese Waffe funktioniert, entweder indem du das Programm nach ein paar Übungswochen dann im Stresszustand mitmachst und dich damit sehr gut wieder beruhigen kannst, oder indem du einfach nur die Musik hörst. Die wurde ja durch die vielen Wiederholungen in deinem Gehirn bereits konditioniert und als Sinnbild für Ruhe und Entspannung begriffen.

Die Musik allein kannst du dir auf „Digital Mental" kostenfrei downloaden, wenn du diese Variante der Entspannungsaktivierung am Ende wählen möchtest.

Die Entspannungswaffe

> **Mein Insider-Tipp für dich**
>
> Unter diesem Link findest du auch ein kurzes Video von mir, das anzusehen ich dir sehr empfehlen kann. Hier werden nochmals sehr anschaulich alle wesentlichen Feinheiten für dein Entspannungsprogramm erklärt, so wie du es am besten für dich nutzen kannst. Dazu gibt es Tipps zum Training, zu Möglichkeiten des Einsatzes sowie dazu, wie du den Effekt der Konditionierung noch besser einsetzen kannst. Wie testen Spitzensportler, ob die Musik schon vernetzt ist, ob die Musik schon zum Einsatz gut genug im Gehirn abgespeichert ist? Die Antworten dazu findest du ebenfalls in diesem kurzen Video auf „Digital Mental".

Nutze Entspannung nicht nur für Entspannung

Wir sind es gewohnt, von Entspannung zu sprechen, wenn es darum geht, dass wir sie brauchen, um weniger Stress zu verspüren. In unserer standardisierten Erwartungshaltung wird Entspannung verwendet, um sich zu erholen, zu beruhigen, abzuschalten. Im Alltagsstress kommt dazu der Wunsch, mehr Ruhe zu genießen. Ich bin der festen Überzeugung, dass wir mit Entspannung nicht nur in der Lage sind, einen gewünschten Ruhezustand herzustellen, sondern dass Entspannung für noch viel mehr genutzt werden könnte. Anders formuliert: Entspannung kommt grundsätzlich immer danach – nach einer Anspannung, nach einer Anstrengung, nach einem Stressempfinden. Meine

Die Ruhe der Natur

Nutze die Entspannung nicht nur für Entspannung

Erkenntnis über Entspannung ist, dass sie in vielen Fällen auch davor kommen muss – vor einem wichtigen Moment, vor einer Leistung, vor einem stressigen Termin.

Nutzen wir Entspannung also zuerst, um danach etwas anderes Positives zu bewirken – das ist meine wichtige Botschaft an dich. Stell dir bitte folgenden Moment vor: Du stehst zehn Minuten vor einem für dich wichtigen Termin, es geht um einen Geschäftsabschluss, und du bist dir ziemlich unsicher, ob du den erhofften Erfolg erzielen wirst. Diese Unsicherheit bewirkt ein sogenanntes Nachdenken über Auswirkungen. Deine Gedanken könnten sich zum Beispiel über die Folgen deines Scheiterns drehen: „Was wird passieren, wenn ich das nicht schaffe, wenn der Kunde das Produkt nicht kauft?" Du beginnst zu grübeln, dir Sorgen darüber zu machen, was das wiederum für Folgen für dein Umfeld haben könnte, wenn du diesen Termin nicht positiv abschließt. Durch diese Gedanken wirst du immer aufgeregter, dein Puls wird höher, deine Körpertemperatur erhöht sich, dein Lächeln verschwindet, und aus deinem positiv wirkenden Gesichtsausdruck wird ein verzweifeltes Lächeln, dem man kilometerweit die Unsicherheit ansieht. Mit diesem Gefühl im Bauch gehst du in dein wichtiges Gespräch, in deinen beruflichen Wettkampf. Würde ein Sportler mit diesem Gefühl ins Rennen gehen, dann stünden die Chancen nicht besonders gut für ein erfolgreiches Ergebnis. Der Grund: Je entspannter – und ich meine nicht Müdigkeit – wir in fordernden Momenten sind, desto leistungsfähiger sind wir auch. Wissenschaftler sind sich zu diesem Thema längst einig: Der Weg zur mentalen und psychischen Höchstleistung führt über die Entspannung.

Der Hintergrund dazu ist das im Jahr 2001 entdeckte Gehirnaktivitätsmuster des Ruhezustands namens „Default Mode Netzwerk", kurz DMN oder auch Ruhezustandsnetzwerk genannt[3]. Das DMN ist aktiv, wenn wir beispielsweise entspannt sind, und wird deaktiviert, wenn wir aktiv werden. Zuerst erfüllt, einfach formuliert, dieser Gehirnzustand in der Entspannung wichtige Funktionen, damit wir besser vorbereitet in den aktiven Zustand wechseln können. Das DMN macht es möglich, dass unser Gehirn Informationen sortiert, speichert, vernetzt und sich für die bevorstehenden Aufgaben vorbereitet. Diese Vorbereitung bietet natürlich eine gute Basis für bessere Leistungen im aktiven Zustand.

Du kannst dich sicherlich noch an das Fotoexperiment in meinem Programm „Mentale Stärke für Österreich" oder in einem meiner Vorträge erinnern. Eine Person aus dem Publikum versetzte sich auf der Bühne durch Entspannung mit Musik in einen Ruhezustand. Mit dieser inneren Ruhe und der dadurch stärkeren Wahrnehmung aller Sinne sortierte die Person Fotos von fremden Menschen unbewusst in die richtige Form – ein Stapel mit Menschen, die dich ansehen, ein zweiter mit Menschen, die wegschauen. Die andere Person, die intensiv an einen bedrückenden, stressigen Moment gedacht hatte, reagierte ganz anders und konnte unbewusst diese Selektierung nicht vornehmen. Was nehmen wir uns aus diesem Experiment mit? Der Grad der Entspannung beeinflusst die Qualität unserer Entscheidungen, und schon mäßiger Stress sabotiert die Selbstkontrolle. Wissenschaftliche Untersuchungen zeigen uns klar und deutlich: Wer entspannt ist, der kann sich und sein Umfeld besser einschätzen und in Ruhe wichtige Entscheidungen fällen. Nutze also deinen Zustand der Entspannung nicht nur, wenn du Stress erlebt hast, um dich dann wieder zu erholen. Versetze dich gezielt auch vor wichtigen Momenten und Entscheidungen in einen Ruhezustand. Lass dein Ruhezustandsnetzwerk, das DMN, für dich arbeiten und starte dann mit mentaler Stärke in deinen persönlichen Wettkampf.

Mehr Entspannung aus meinen Mentaltipps

Tipp Nr. 1: Die Gedankenruhe

Ein unruhiger Schlaf wird meist durch Stress, Grübeleien und negative Gedanken vor dem Einschlafen ausgelöst. Um diese Unruhe von sich abzuschütteln, nutze die kurze Zeit vor dem Einschlafen, nachdem du die Augen im Bett geschlossen hast. Stelle dir dann ruhige, wunderschöne, fließende Bilder vor, wie zum Beispiel einen Sonnenuntergang, Wolken, die über den Himmel ziehen, oder einfach nur einen stillen, einsamen Bergsee.

Tipp Nr. 2: Entscheidungen reduzieren

Die meisten Menschen wissen nicht, dass die Notwendigkeit, zu viele Entscheidungen treffen zu müssen, ein Auslöser für zu viel Druck sein kann. Jedes Mal, wenn du eine Entscheidung treffen sollst, egal ob im Beruf oder bloß dahingehend, was du heute zu Mittag essen möchtest, erzeugt dies mentalen Druck. Die Lösung besteht darin, die Zahl der Entscheidungen zu reduzieren. Spare mit deiner Energie, Entscheidungen zu treffen.

Tipp Nr. 3: Die Akustiktechnik

Wissenschaftlich bewiesen ist, dass Naturgeräusche beruhigend auf unseren Körper wirken. Setze dich im Urlaub in die Natur, schließe deine Augen und beginne damit, angenehme Töne zu beobachten. Entspanne für einige Minuten pro Tag mit Waldgeräuschen, Meeresrauschen oder dem Vogelgezwitscher auf einer Wiese.

Was du Unglaubliches über Entspannung gelesen hast!

- Lang anhaltender negativer Stress kann zu schweren körperlichen Schäden führen.
- Bei Aktivierung von Entspannung schaltet unser Nervensystem auf Erholung und Regeneration um.
- Entspannung steigert Stabilität und Widerstandskraft.
- Schlafforscher bezeugen die Auswirkungen des gesunden Schlafes als Kraftquelle, die uns leistungsstark macht.
- Die menschlichen Entspannungstypen unterteilen sich in visuelle, auditive und kinästhetische.
- Das Relax-Setup besteht aus den Elementen Musik, Bauchatmung, Visualisierung und Affirmation.
- Durch tiefe Bauchatmung kann der Körper zur Ruhe kommen und können stressige Gedanken beiseite rücken.
- Visualisierung von entspannten Momenten ruft gespeicherte Erlebnisse und Gefühle wieder hervor.
- Hören wir immer die gleiche Musik mit demselben Entspannungsablauf, verbinden wir diese Musik dann auch mit Entspannung.
- Durch wiederholte Affirmationen wie „Ich fühle mich entspannt" vernetzen sich diese Glaubenssätze im Gehirn.
- Entspannung kann auch vor einem wichtigen Moment durchgeführt werden, um mehr Leistung abrufen zu können.

Am Anfang ist der Selbstwert

Selbstvertrauen bildet in deiner mentalen Stärke nach der Entspannung eine weitere wichtige Säule. Ohne Selbstvertrauen fühlen wir uns schwach, ungeeignet, untalentiert, ungenügend und trauen uns einfach wenig zu. Woher kommt nun diese Begrifflichkeit des Selbstvertrauens und was ist vor allem der Unterschied von Selbstvertrauen und Selbstwert? Das möchte ich auf den nächsten Seiten genauer erklären, da Selbstvertrauen und Selbstwert oft irrtümlicherweise als das Gleiche angesehen werden.

Am Anfang steht der Selbstwert. Er ist die grundlegende Einstellung, die wir uns selbst gegenüber haben, wie wir uns selbst bewerten. Einfach formuliert, kannst du ihn als deine Meinung über dich sehen, was du über dich denkst, wie du dich selbst siehst und wie du zu dir stehst. Hier geht es nicht um den Wert einer Person in den Augen anderer, es geht nur um die eigene Bewertung von sich selbst. Diese Selbstbewertung entsteht durch Beobachtung des eigenen Verhaltens und der persönlichen Eigenschaften, und zwar durch Nachdenken über unser Handeln in der Vergangenheit und in der Zukunft sowie durch das Akzeptieren der eigenen Bedürfnisse. Das kann eine allgemeine Bedeutung haben oder sich auf vereinzelte Bereiche des Lebens beziehen.

Du kannst einen geringen Selbstwert haben und der festen Überzeugung sein: „Ich bin kein guter Mensch." Du kannst aber auch unterschiedliche Einstellungen haben, wie „Ich spreche nicht gerne vor Menschen, aber Briefe zu schreiben liebe ich sehr!" Dein Selbstwert hat nachweislich eine spürbare Auswirkung auf alle Lebensbereiche. Ein geringer Selbstwert kann somit ernsthafte Folgen für die eigene Lebensqualität darstellen. Diese reichen von schlechter Stimmung bis zu psychischen Störungen. Ein guter Selbstwert hingegen erhöht die persönliche Widerstandskraft und die Lebensfreude. Forscher belegen in vielen Studien: Wer sich selbst wertschätzt und ein positives Selbstbild besitzt, der hat es leichter im Leben. Menschen mit einer positiven Sichtweise über die eigene Person bekommen nachweislich seltener depressive Verstimmungen, sind zufriedener im Berufsleben und führen erfülltere Beziehungen. Die mittlerweile sehr gut untersuchte Besonderheit des Selbstwerts besagt, dass wir ihn teilweise sehr fest in unserer Persönlichkeit verankert haben. Manche Forscher gehen sogar noch weiter und glauben an eine genetische Festlegung des Selbstwerts. „Unser Selbstwert hat einen unveränderlichen Kern"[4], so beschreibt die Hamburger Wissenschaftlerin Dr. Jenny Wagner in einer ihrer Studien und betont zudem: „Menschen haben ein grundlegendes Bedürfnis, die eigene Person positiv zu betrachten. Dieses Konstrukt bezeichnet die psychologische Forschung als Selbstwert."[4]

Allerdings kann sich der Selbstwert schon in der Kindheit dementsprechend in eine positive oder auch negative Richtung entwickeln. Professor Ulrich Orth aus Bern zeigte in einer sehr umfassenden Untersuchung, wie Selbstwert bereits in der Kindheit beginnt. „Das Selbstwertgefühl entwickelt sich bereits in der Kindheit positiv und es sinkt auch nicht in der Pubertät", so Orth, „im Jungen- und Erwachsenenalter steigt es weiter an und erreicht mit etwa 60 bis 70 Jahren den höchsten Punkt."[5]

Wenn wir uns einen Überblick verschaffen, welche Merkmale sich im Verhalten mit hohem oder niedrigem Selbstwertgefühl zeigen, dann fällt die positive Selbstbetrachtung sehr deutlich auf. In der folgenden Tabelle des kanadischen Theologen Jean Monbourquette kannst du sehr gut die Unterschiede beider Haltungen erkennen.

Selbstvertrauen

HOHES SELBSTWERTGEFÜHL	NIEDRIGES SELBSTWERTGEFÜHL
Anerkennt seine Qualitäten	Setzt den Akzent auf Fehler
Spricht freundlich mit sich selbst	Ist oft zu selbstkritisch und beschimpft sich selbst
Hört auf die Kritik anderer und bewertet sie selbst	Ist sehr empfindlich gegenüber Kritik anderer und beschäftigt sich damit zu sehr
Hält sich trotz Hindernissen und Misserfolgen	Gibt bei geringsten Hindernissen oder Misserfolgen auf
Ist zuversichtlich und setzt auf Erfolg	Befürchtet Misserfolg
Erinnert sich an frühere Erfolge	Erinnert sich an Versagen
Ist zuversichtlich, übertragene Aufgaben zu meistern	Fürchtet, an übertragenen Aufgaben zu scheitern
Nimmt Risiken auf sich	Ist risikoscheu
Liebt Herausforderungen	Fühlt sich wohler bei Routineaufgaben
Fühlt sich durch Erfolg bestätigt und ermutigt	Gerät durch Erfolg unter Stress

Der Selbstwert eines Menschen besteht vereinfacht dargestellt aus drei wesentlichen Bausteinen. In einer dazu passenden Grafik möchte ich dir diese Bausteine aufzeigen und den Unterschied der einzelnen Komponenten einfach erklären.

Der Selbstwert teilt sich auf in das Selbstbewusstsein, in die Selbstliebe und in das Selbstvertrauen. Im alltäglichen Sprachgebrauch werden diese Bausteine oft irrtümlicherweise bedeutungsgleich verwendet. Selbstbewusstsein stellt das „Wer bin ich?" in den Vordergrund. Hier geht es darum, wie gut wir uns selbst und unsere Persönlichkeit kennen. Wer sich sehr gut kennt, genau weiß, wer er ist, hat ein großes Selbstbewusstsein. Selbstliebe kümmert sich darum, wie liebevoll wir mit uns selbst umgehen und wie sehr wir Wert darauf legen, uns Gutes zu tun.

Das Selbstvertrauen wird durch das Vertrauen in die eigenen

Fähigkeiten gestärkt. Hier geht es darum, was du kannst und wie gut du deine Stärken und Schwächen kennst.

Gemeinsam beeinflussen Selbstbewusstsein, Selbstliebe und Selbstvertrauen unseren Selbstwert. Für unsere mentale Stärke möchte ich allerdings insbesondere das Selbstvertrauen hervorheben. Selbstvertrauen steht in diesem Buch nach der Entspannung als weiteres Element für deine mentale Stärke. Auch wenn der Selbstwert insgesamt gesehen einen höheren Stellenwert hat, geht es bei mentaler Stärke um das Abrufen von Leistung und um das Erreichen von Zielen und Erfolgen. Eine Studie der Stanford University stellte dar, wie wichtig für uns Menschen der Glaube an unsere Fähigkeiten ist. Selbstvertrauen stellt dabei den Schlüssel zum Erfolg dar. Einmal mehr für mich Anlass, dem Selbstvertrauen eine bedeutsame Rolle im Training unserer mentalen Stärke zuzusprechen.

Somit können wir uns nun ganz genau ansehen, wie Selbstvertrauen entsteht und wie wir davon noch ausreichend „tanken" können, wie es im Sporttrainer-Jargon formuliert wird.

Wenn wir uns selbst vertrauen

Selbstvertrauen steht, wie du vorhin schon gelesen hast, nur für einen Teil des Selbstwertes – für das Vertrauen in die eigenen Fähigkeiten. Gerne wird Selbstvertrauen mit dem Begriff Selbstwirksamkeitserwartung verglichen. Dieses Wort steht für den positiven Glauben an die eigene Person sowie für das Vertrauen, schwierige Herausforderungen mit den eigenen Fähigkeiten gut meistern zu können. Wir trauen es uns sozusagen zu. Wir erwarten, mit unseren Fähigkeiten dementsprechend wirksam Probleme zu meistern. Diese Selbstsicherheit kann vor allem durch erfolgreiche Erfahrungen gestärkt werden. Gelingt es uns, das zu erreichen, was wir geplant haben, dann trifft dies den Selbstvertrauensverstärker in uns. Besitzen wir ein starkes Selbstvertrauen, dann trauen wir es uns auch zu, erfolgreich zu sein, Probleme im Griff zu haben und unsere Mitmenschen von unseren Vorhaben zu überzeugen. Thomas ist erfolgreicher Profifußballer und überzeugt durch ein herausragendes Selbstvertrauen. Als Stürmer schoss er schon unzählige Tore und bereitete seinem Heimatverein viel Freude. Vor jedem neuen Spiel blickt er gedanklich zurück auf diese Erfahrungen und vertraut auf sich, um auch im neuen Spiel wieder sein Können zu zeigen.

Der Erfinder der Selbstvertrauens-Psychologie, Professor William James aus den USA, erklärte mit einer sehr einleuchtenden Theorie die Formel für Selbstvertrauen. Selbstvertrauen entsteht laut James durch die Summe und Größe unserer Erfolge in Kombination mit unseren Ansprüchen. Das löst auch die immer wieder auftauchende Frage, warum denn manche sehr erfolgreiche Menschen eher wenig Selbstvertrauen haben. Ihre Ansprüche sind manchmal einfach höher als die erreichten Erfolge. Dadurch fühlen sie sich einfach nicht erfolgreich, obwohl die

Leistung herausragend war, während jedoch die Ansprüche und Erwartungen oft noch höher lagen. Der zwar leider schon verstorbene, allerdings einer der wohl bekanntesten Psychologen der Welt, Dr. Albert Bandura, erforschte die vier wesentlichen Gründe für Selbstwirksamkeit.[6]

1. **Körperliche Empfindungen:** Stehen wir vor einer Herausforderung, könnten wir körperliche Empfindungen wie Herzklopfen oder feuchte Hände als ein Zeichen für Nervosität und einen möglichen kommenden Misserfolg deuten. Diese Erwartungen sind eng mit körperlichen Empfindungen verknüpft. Wir sollten hier beginnen, diese Empfindungen neu zu interpretieren. Betrachten wir beispielsweise Herzklopfen nicht als Nervosität, sondern als positive Vorfreude. So erreichen wir eine hohe Selbstwirksamkeit und zerstören durch negative Körpersignale nicht das eigene Selbstvertrauen.

2. **Äußere Einflüsse:** Bekommt man von seinem Freundeskreis oder von der Familie keine Unterstützung bei einem Vorhaben, dann schwächt das den eigenen Glauben daran. Wer von außen hört, dass er ein Verlierer ist, erlebt eine deutliche Schwächung seiner Selbstwirksamkeit. Motivieren wir für mehr Selbstvertrauen unser Umfeld, um uns Zuspruch für unsere Projekte zu geben.

3. **Beobachtungen:** Beobachtet man den Erfolg eines anderen Menschen, den man schätzt oder dem man ähnlich ist, dann stärkt dies die eigene Selbstwirksamkeit. Diese Ähnlichkeit kann den zusätzlichen Glauben an sich und eine Extraportion Motivation auslösen, selbst Erfolg haben zu wollen.

4. **Persönliche Erfolge:** Viele persönliche Erfolge zu erleben bildet den wichtigsten Grund für eine hohe Selbstwirksamkeit. Unsere Erfolgserlebnisse stärken unseren Glauben an unsere Fä-

higkeiten und bringen uns genügend Selbstvertrauen. Dr. Bandura nannte dies die „Mastery Experience". Die Erkenntnis, ein schwieriges Vorhaben durch eigene Kraft gemeistert zu haben, bringt uns genau dieses wichtige Vertrauen in uns selbst. Sich die eigenen Erfolge gedanklich vorzustellen kann auch schon sehr klar eine Unterstützung zur höheren Erfolgserwartung bedeuten.

Professor Psycho

Der Ikea-Effekt

Je mehr Arbeit wir in eine bestimmte Sache investieren, desto stärker wird unser Selbstvertrauen in dieser Tätigkeit. Das wird als sogenannter Ikea-Effekt bezeichnet. Forscher rund um Michael Norton entdeckten, dass Menschen beim Zusammenbauen von Ikea-Möbeln ihre Ergebnisse am Ende besser beurteilten, als die handwerkliche Leistung von anderen. Daraus entwickelten sie dann folgende Erkenntnis: Wer etwas geschafft hat, wagt sich mit größerem Selbstvertrauen an die anschließende Aufgabe. Zudem meistert man diese dann auch erfolgreicher.

Die Mastery Experience

So wie Albert Bandura seine wesentlichen Gründe für Selbstwirksamkeit sehr sinnvoll und nachvollziehbar einteilte, zeigt sich die Technik der „Mastery Experience" als besonders wirkungsvoll.

„Führen wir uns die Erfolge vor Augen", betone ich stets in meinen Vorträgen. Auch im Programm „Mentale Stärke für Österreich" lerntest du diese Technik kennen, wie sehr innere Bilder und bildhafte Gedanken von Erfolgen uns in unserem Leben weiterbringen. Siegertypen sehen nicht unbedingt, was sie sehen könnten, sie visualisieren, was sie sehen wollen. Viele, die ihre Ziele nicht erreichen, sehen sehr oft, wovor sie Angst haben oder wie etwas schiefgehen kann. Viele Forschungen aus den letzten Jahren zeigen, wie wichtig Erfolge für unser Selbstvertrauen sind – das Wissen, etwas durch eigene Kraft schaffen zu können. Hier liegt der Schwerpunkt auf dem Bewusstmachen des persönlichen Könnens, der Fähigkeiten. Dazu unterstützend wirkt auch schon die geistige Vorstellung von Erfolg, bevor er passiert. Visualisiere hier, wie du etwas erfolgreich durchführst, stell dir Abläufe vor, wie du deine Talente einsetzt. Ich habe dazu viele Sportler erlebt, die durch diese Technik erfolgreiche zukünftige Momente im Kopf hatten und sich voller Selbstvertrauen fühlten. Wer „Mastery Experience" positiv empfindet, kann sich definitiv damit stärken.

Hier gibt es allerdings auch Gegenbeispiele. Viele erzeugen durch Visualisieren eines Erfolgsmoments einen riesigen Erwartungsdruck und beeinflussen sich dadurch negativ: Sie werden nervös. Legt man die Konzentration nicht auf den Moment des Erfolges und auf den Druck, sondern versucht man sich vorzustellen, wie man etwas im Detail macht, dann verschwindet die

Last. Nicole Schmidhofer sagte mir immer wieder einen Satz, der zu diesem Thema bei mir tief abgespeichert ist: „Ich möchte gut Ski fahren." Es geht also nicht immer darum, Sieger zu sein, sondern sein Können, seine Fähigkeiten zu zeigen und damit dann eine Leistung zu erreichen. Empfindest du zu viel Druck bei Erfolgsvisualisierungen, dann blende diese Siegesbilder aus und leg deine Visualisierungen nur auf den Ablauf, also darauf, wie du etwas gut machen wirst. Wie du zum Beispiel fehlerfrei eine Prüfung ablegst und besonders gut bist im Erzählen einer emotionalen Geschichte. Ganz egal, ob du bestehst oder nicht, du visualisierst den technischen Ablauf und nicht die erreichte positive Note. Selbstvertrauen kann man als wahrgenommene Machbarkeit beschreiben. Mach dir bewusst, welche Stärken du hast und was du wirklich gut konntest, kannst oder können wirst. Wer das weiß, der schafft es, in schwierigen Momenten den Zweifel kleinzuhalten und sich mutig zu fühlen. Wenn du vor Herausforderungen stehst, dann wird dir dein Selbstvertrauen helfen, deine Komfortzone zu verlassen. Diese Komfortzone steht für das „Bekannte", für Sicherheit und für das „Bequeme".

Unsere mentale Stärke benötigen wir nicht für unsere Komfortzone, wir benötigen sie für neue Aufgaben und unangenehme Hindernisse. Verlassen wir unsere Komfortzone, dann benötigen wir Selbstvertrauen, um Mut zu beweisen und uns Schritt für Schritt auf Unbekanntes einzulassen. Wenn wir es schaffen, diesen Weg zu gehen, dann belohnen wir uns mit neuen Erfolgen, mit neuen Erkenntnissen und vor allem mit noch mehr Selbstvertrauen.

Mein Insider-Tipp für dich

Leider verkennen wir sehr gerne die kleinen Erfolge eines jeden Tages. Wir bemerken sie nicht so leicht und vergessen sie auch schnell wieder. Deshalb hat sich ein Erfolgstagebuch besonders gut bewährt, um diese kleinen Erfolge größer darzustellen. Viele kleine Erfolge können nachweislich ein ähnliches Selbstvertrauen erzeugen wie ein einziger großer. Das Erfolgstagebuch hilft dir dabei, deine kleinen Tagesleistungen und Erlebnisse aufzuschreiben. Auch wenn du jetzt vielleicht glaubst, keine zu finden, diese Momente kannst du in allen Bereichen des Lebens erkennen. Nimm dir täglich kurz Zeit, um diese Punkte zu finden und damit auch den Tag noch einmal zu erleben. Diese Konzentration auf die schönen Erlebnisse steigert auch dein Selbstvertrauen. Und du wirst wahrlich überrascht sein, wie lang diese Liste in ein paar Wochen sein wird.

Hier kannst du dir schon spontan einen kleinen Tageserfolg oder Wochenerfolg eintragen, um gleich mit dieser neuen Routine zu beginnen:

_____

_____

_____

Mit Körpersprache zum Selbstvertrauen

Sind wir voller Selbstvertrauen, weil wir mit aufrechtem Gang, nach vorne gestreckter Brust und einem siegreichen Gesichtsausdruck in die Besprechung gehen? Macht uns eine selbstbewusste Körperhaltung erfolgreich oder haben wir eine selbstbewusste Körperhaltung, weil wir erfolgreich sind? Die Verhaltensforschung bietet beide Lösungsvarianten an. Wenn man sich hier die vielen Untersuchungen dazu ansieht, dann stellt sich eben heraus, dass an beiden Möglichkeiten ein wahrer Kern zu entdecken ist.

Ich möchte mich hier in diesem Buch allerdings vorwiegend mit der Fähigkeit auseinandersetzen, wie wir durch unsere eigene Körperhaltung und Körpersprache unser Vertrauen in uns selbst stärkend beeinflussen können. Haben wir Erfolg und verändert dies in weiterer Folge unsere Körpersprache positiv, dann ist dies hervorragend und wünschenswert, hat allerdings mit mentaler Stärke wenig zu tun, sondern mit der Auswirkung des Erfolgs.

Ich werde dir jetzt ein paar Möglichkeiten zeigen, wie du durch deinen Körper auf dein Selbstvertrauen einwirken kannst. Beginnen wir mit der sogenannten „Facial Feedback"-Hypothese, ursprünglich von Charles Darwin ins Leben gerufen und von vielen Persönlichkeiten immer wieder weiterentwickelt. Vereinfacht dargestellt, wird immer wieder versucht, die Wirkung unserer Gesichtsausdrücke auf unsere Gefühle zu untersuchen und zu beweisen. Wenn wir fröhlich sind, dann lächeln wir. Das klingt einfach und logisch. Dann gibt es eben die Hypothese, dass, wenn wir bewusst zu lächeln beginnen, dadurch eine Fröhlichkeit entsteht. In unserem Gehirn soll durch das aktive Lächeln auch das

Denkmuster „Ich lächle, also bin ich fröhlich" entstehen. Das soll dann das Gefühl der Fröhlichkeit entstehen lassen. Auch umgekehrt, also negativ, kann dieses Erzeugen von Emotionen durch Gesichtsausdrücke funktionieren. Ein Selbstversuch könnte so aussehen: Schau ein paar Minuten verärgert, press deine Lippen zusammen, versuche dabei, verbissen und böse zu schauen, und halte das eine Weile durch. Wenn du dich dann verärgert fühlst, hast du die Auswirkung des „Facial Feedback" erlebt.

Eine weitere Theorie ist das „Power Posing". Wie der Name schon sagt, geht es hier darum, durch eine Pose Kraft und Selbstvertrauen zu spüren. Die Körpersprache wirkt demnach auf unsere Gefühle. Dr. Amy Cuddy, die Erforscherin des Power Posing, präsentierte in ihren Experimenten, dass wir durch gewisse Körperhaltungen eine interessante Wirkung auf unser Gehirn haben. Eine offene, kraftvolle Körpersprache löste bei den Versuchspersonen eine Senkung der Stresshormone und ein erhöhtes Vorkommen des Sexualhormons Testosteron aus. Weiters gibt es dazu auch einige Untersuchungen, wonach Testosteron unser Selbstvertrauen beeinflussen kann. Eine aufrechte Körperhaltung ruft in uns also verstärkte Selbstsicherheit hervor. Das Experiment von Dr. Cuddy betrachtete man in den letzten Jahren allerdings immer wieder sehr kritisch. Ob dies bei dir nun wirkt oder nicht, kannst du ganz allein entscheiden und jetzt doch einfach mal ausprobieren. Vollkommen egal, ob das Power Posing nun wissenschaftlich gerne diskutiert wird – Kopf hoch und Brust raus reichen aus, um ein Gefühl von Selbstvertrauen auslösen zu können. Der Hintergrund dazu ist das sogenannte „Embodiment". Dieses mittlerweile schon sehr verbreitete Wissenschaftsgebiet besagt: Haltung bewirkt Stimmung. Körper und Geist beeinflussen sich gegenseitig. Nimmst du in einer herausfordernden Situation ganz aktiv eine aufrechte, kraftvolle Körperhaltung ein, dann kann das auch ein besonders gutes, sicheres Gefühl bewirken – ein Gefühl von „Ich kann das". Kein Spitzensportler wird vor einem Wettkampf eine Körperhaltung einnehmen, die gebückt, traurig, depressiv oder schwach aussieht. Nutze diese Techniken der Körperhaltung, damit du schon vor wichtigen Momenten Selbstvertrauen spüren kannst.

Mentalübung

5 MIN

So wie du es auch in meinem Tourprogramm kurz erlebt hast, wobei aber vielleicht die Zeit zu kurz war, kannst du dein Power Posing beispielsweise mit der Gewinnerpose jetzt für dich üben. Stell dich am besten vor einen Spiegel und achte genau auf deine Körperhaltung. Verändere diese jetzt so, als ob du gerade einen großen Wettkampf gewonnen hättest. Vielleicht hast du aber auch einfach nur ein für dich wichtiges Ziel erreicht. Steh aufrecht da, strecke deine Arme nach oben, zieh deine Schultern zurück und balle deine Siegerfäuste wie ein Spitzensportler. Freu dich über einen Erfolg und versuche zu spüren, wie sich dein Selbstvertrauen dabei anfühlen kann.

Das Glas-Walk-Geheimnis

Im Live-Programm „Mentale Stärke für Österreich" demonstrierte ich zum Thema Selbstvertrauen, wie ein mutiger Zuschauer auf der Bühne mit bloßen Füßen über scharfe Glasscherben geht. Ohne sich dabei zu verletzen. Gehen wir aber gedanklich kurz zurück zum Anfang dieses spannenden Momentes. Meine Frage ans Publikum, besser gesagt an die anwesenden Damen, war: „Wer von Ihnen möchte, dass Ihr Mann heute einmal richtig mutig ist?" Zuerst bewies ich Selbstvertrauen und Mut, indem ich eine Scherbe eines von einem Zuschauer zerschlagenen Weinglases im Mund zerbiss und dann auch noch schluckte. Meine Bitte dazu: Dies ist eine besondere Technik, die ich entwickelt habe – mach das auf keinen Fall zuhause nach. Dies kann lebensgefährlich sein, denn die Scherben können Speiseröhre und Verdauungsorgane verletzen und zu inneren Blutungen führen. Nach meinem Glasessen durfte dann der „mutige" Zuschauer beweisen, was er konnte und wie sehr er es sich zutraute, barfuß über scharfe Scherben zu gehen. Wer sich hier denkt, dass dies spezielle Scherben waren, den kann ich nur darauf verweisen, dass das Publikum sie live genauestens auf Echtheit und Schärfe geprüft hat. Ich garantiere dir: Die Glasscherben, über die der Zuschauer ging, waren und sind immer zu hundert Prozent echt!

Das Essenzielle an diesem Experiment ist allerdings die Tatsache, dass der Zuschauer vor der Entscheidung steht, etwas zu tun, das er noch nie im Leben getan hat. Zudem besteht eine gewisse Unsicherheit, in diesem Falle die Gefahr einer Verletzung. Und es schauen viele Menschen dabei zu. Wir stehen in unseren alltäglichen Momenten ebenfalls oft vor ähnlichen Entscheidungen. Wir müssen uns ans Unbekannte wagen, kennen allerdings noch keine genauen Auswirkungen.

Je größer das Selbstvertrauen in diesen Momenten ist und je mehr Selbstwirksamkeit wir spüren, desto größer ist die Chance, dass wir diesen Schritt aus der Komfortzone gehen. Im Falle der Glasscherben wandte ich eine Technik aus dem Spitzensport an, um beim Zuschauer dieses extragroße Selbstvertrauen zu erzeugen. Diese Technik möchte ich dir hier kurz beschreiben.

Spitzensportler sind sich in ihrer Wettkampfphase bewusst, dass Verletzungen zu den Begleiterscheinungen gehören. Sie lernen, mit möglichen Gefahren umzugehen und diese nicht dauerhaft vor Augen zu haben. Unsicherheiten durch einen zu starken Fokus auf Verletzungen können ein Fehlverhalten im Wettkampf mit sich bringen. Damit erhöht sich sogar die Möglichkeit für noch schlimmere Verwundungen.

Vor dem Gang über die Scherben zeigte ich ja dem Publikum Schockfotos, was alles passieren könnte. Dies ist natürlich auch ein Gestaltungsmittel, um besondere Aufmerksamkeit und Spannung in diesem Moment zu erzeugen. Für den einen Zuschauer allerdings war dies gänzlich ungeeignet, um Selbstvertrauen für die kommenden Sekunden zu aktivieren. Dies wäre ungefähr so, wie wenn man Skisuperstar Marcel Hirscher eine Minute vor dem Rennen Bilder von möglichen lebensgefährlichen Unfällen und Verletzungen, die gleich passieren könnten, gezeigt hätte.

Zurück zum Glas-Walk. Wie habe ich nun Selbstvertrauen bei diesem Zuschauer bewirkt? Meine Aufforderung an ihn, als er sich barfuß zu den Scherben stellte, war genau diese: „Schließe deine Augen und stell dir in deinen Gedanken so bildlich wie möglich Momente der letzten Tage, Wochen oder Monate vor, in denen du dich voller Selbstvertrauen gefühlt hast. Wo hast du deine Fähigkeiten unter Beweis gestellt? Stell dir diesen Moment jetzt noch einmal genau vor: Wo warst du da, wer war bei dir, wie hat sich das angefühlt?" Dann bat ich ihn, mit diesem Gefühl von Selbstvertrauen sich nur noch auf seinen Körper zu kon-

Scharfe Glasscherben im Gesicht

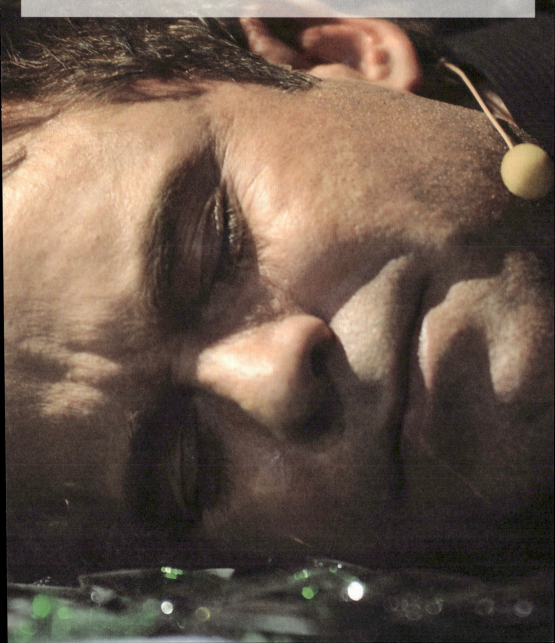

zentrieren und den Scherben-Walk nur zu visualisieren, genauso wie ein Spitzensportler seine Strecke vor dem Rennen: „Du wirst gleich mit Mut, Sicherheit, absoluter Ruhe und mit perfekter Körperwahrnehmung über diese Scherben gehen. Stelle dir diesen Ablauf jetzt bildlich vor, spüre schon jetzt, wie gut du alles an den Füßen erfühlen kannst. Spüre, wie du deinen Körper perfekt führen wirst und wie du völlig unbewusst, wie von selbst, auf kleinste unangenehme Feinheiten sensibel reagierst."

Zuerst Selbstvertrauen erzeugen durch einen Blick in die eigene Vergangenheit, sich seines Könnens und seiner Stärken besinnen. Und dann der Blick nach vorne, um schon zu visualisieren, was man alles sehr gut machen wird. Das bringt noch einmal einen zusätzlichen Selbstvertrauens-Booster.

Das ist der Hintergrund zum Erfolg des Glas-Walk – und auch für dich ein Blick hinter die Kulissen, wie genau Abläufe oft geplant und vorerlebt werden sollten, um in der jeweiligen Tätigkeit auch einen starken Glauben an sich zu haben.

Wir laufen nicht täglich über scharfe Scherben, aber wir stehen täglich vor Aufgaben, die wir nicht immer klar einschätzen können. Probleme und Unsicherheiten können unsere Vorhaben oft behindern wie scharfe Scherben. Ohne Selbstvertrauen würden wir diese wohl um einiges schlechter meistern. Ich möchte dir nun dazu passend mein Mitmach-Mentalprogramm für mehr Selbstvertrauen näherbringen.

„Das stärkste Vertrauen ist das Vertrauen
in sich selbst!"
Manuel Horeth

Das Selbstvertrauen-Setup

Beginnen wir bei den Tools deines Selbstvertrauentrainings. Übrigens: Keine Angst, nur weil du dein Selbstvertrauen verstärkst, bedeutet dies nicht, dass du keines hast. Man kann es für wichtige Momente nur schneller abrufen. So wie du bereits im Entspannungskapitel und beim Relax-Setup gesehen hast, geht es nun auch bei deinem persönlichen Selbstvertrauentraining zuerst um das richtige Setup, also um die passenden Bausteine. Hier kombiniere ich zudem festgelegte Inhalte und mentale Techniken mit einem immer gleichbleibenden Ablauf. Die Tools des Selbstvertrauen-Setups bestehen aus den folgenden Elementen:

Tool 1 ist Musik, die bei dir ein Gefühl von Selbstvertrauen unterstützend fördern soll. Nachweislich wird Musik blitzschnell im Gehirn mit Gefühlen verbunden und kann beispielsweise Freude, Trauer oder auch Selbstvertrauen aktivieren. Wissenschaftler erklären dies mit unserem episodischen Gedächtnis. Wir verbinden Musik oft intensiv mit Erlebnissen, mit Episoden aus unserem Leben. Die Musik in deinem Hörprogramm hat noch keine dieser Verknüpfungen, da sie für dich neutral ist. Die Komposition gestalteten wir musikalisch gesehen mit Klängen für Selbstvertrauen und Selbstsicherheit, andererseits kannst du durch das wiederholende Üben den bereits beschriebenen Effekt der Konditionierung erreichen und die Musik dann automatisch mit dem Gefühl von Selbstvertrauen verbinden.

Tool 2 ist die Stärkenimagination. Hier ist deine Aufgabe, dir deine größten Stärken bewusst zu machen, die du bei früheren Erfolgserlebnissen hattest. Die Forschung beweist seit Langem, dass unser Gehirn in Bildern denkt und diese Bilder mit Gefühlen verbindet. Die Vorstellungskraft ist nicht nur, wie du in diesem Buch schon gelesen hast, eine faszinierende Fähigkeit, sie ist auch eine belegte Methode fürs mentale Training. Mit der Stärkenimagination reaktivierst du diese Erfolgsmomente bildlich und findest damit schneller Zugang zu Gefühlen des Selbstvertrauens.

Tool 3 ist die Affirmation. Diese Glaubenssätze kennst du schon aus dem Relax-Setup, und sie sind auch beim Thema Selbstvertrauen außerordentlich wirksam. Durch die richtige Gedankenkontrolle steuern wir auch unsere Emotionen und unseren Glauben an uns selbst. Sätze wie „Ich kenne meine Stärken" oder „Ich bin voller Selbstvertrauen" können die Stärkenimagination nochmals bestätigen und ein wahres Gefühl von Selbstvertrauen festigen. Das benötigen wir dann auch, um nach vorne in einen Moment voller Herausforderungen blicken zu können.

Das Tool 4 des Selbstvertrauen-Setups bildet die Visualisierung. Auch mit dieser Technik bist du schon vertraut, wenn du den Entspannungsablauf genossen hast. Visualisierungen im Spitzensport zum Thema Selbstvertrauen sind wesentlich für den Erfolg. Vor einem Wettkampf sich selbst mental als erfolgreich zu erleben steigert die Selbstwirksamkeitserwartung enorm. Auch für uns im Alltag ist das geistige positive Erleben einer bevorstehenden Herausforderung eine tolle Möglichkeit, das Gefühl von Selbstvertrauen zu stärken. Ich vermittle in meinen Vorträgen immer wieder, wie wichtig die eigene Stimmung für die darauffolgende Leistung ist: „Wenn du dir schon vorher vorstellst, wie du etwas gut machen wirst, gehst du mit weniger Zweifel und mehr Sicherheit in den Moment hinein", beschreibe ich meine Erfahrungen aus dem Arbeiten mit Spitzensportlern.

Zusammenfassend sind dies nun die vier Tools deines Selbstvertrauen-Setups:

Das Selbstvertrauenprogramm für dich

Das Selbstvertrauen-Setup bildet den Inhalt deines Mitmachprogramms. Auch hier führe ich dich wieder, wie bereits im Entspannungsprogramm, durch die Übung. Mach einfach mit Spaß und Freude mit, versuche dabei, innere Bilder und Gefühle so groß wie möglich werden zu lassen, und genieße das Wachsen deines Selbstvertrauens.

Zum Start lade dir bitte wieder auf „Digital Mental" die passende MP3-Datei auf dein Handy oder deinen Computer.

Bevor es losgeht, darf ich mit dir den Ablauf nochmals kurz durchgehen, damit du dich dann voll und ganz auf dich und das Programm konzentrieren kannst. Mach es dir wieder bequem, setze deine Kopfhörer auf und starte dann später das Mitmachprogramm aus dem Download. Mit geschlossenen Augen kannst du dann perfekt vorbereitet loslegen.

In den ersten zwei Minuten geht es, wie bereits erwähnt, um deine Stärkenimagination. Ziel ist es, dich gedanklich in Momente des Lebens zu versetzen, in denen du Selbstvertrauen erlebt hast und jetzt nochmals spüren kannst, wie sich das angefühlt hat. In dieser Stärkenimagination kannst du dir jede Situation vorstellen, an die du dich noch gut erinnern kannst. Versetze dich zurück, denke intensiv an deine Fähigkeiten, die dir Erfolg gebracht haben.

Hast du beispielsweise jemanden von einer Idee überzeugt, dann sind diese Fähigkeiten Überzeugungskraft und Begeisterungsfähigkeit. Stell dir in diesem Falle ganz exakt vor, wie du das genau gemacht hast, wie es sich angefühlt hat, das zu können und das geschafft zu haben. Ganz egal, um welches Thema es sich handelt, damit erzeugst du das Gefühl von Selbstvertrauen. Die Forschung fand heraus, dass das Abrufen des Gefühles von Selbstvertrauen im Gehirn mit einer ähnlichen Stärke miterlebt wird wie das wirkliche Erlebnis. Nach diesen zwei Minuten beginnst du mit den passenden Affirmationen und Glaubenssätzen, das gerade erzeugte Gefühl von Selbstvertrauen zu bestätigen, zu festigen und zu vernetzen. Für eine Minute wiederholst du Sätze gedanklich oder laut, wie beispielsweise „Ich weiß, dass ich es kann", „Ich bin voller Selbstvertrauen" oder „Ich kenne meine Stärken", immer und immer wieder. Bis es das Signal für dich zu hören gibt für den dritten Teil des Ablaufes, die Selbstvertrauenvisualisierung.

Stelle dir hier die Situation bildlich vor, in der du heute

oder in den nächsten Tagen alle Herausforderungen mit Selbstvertrauen meistern wirst. Du kannst dich schon jetzt sehen, wie du mutig, stark und erfolgreich agierst. Lass dies wie einen Film ablaufen und freu dich über deine vielen kleinen Erfolge, die du dir schon vorstellen kannst. Diese Visualisierungstechnik ermöglicht es, viele Wiederholungen eines Ablaufes in sehr kurzer Zeit vorzunehmen. Wir aktivieren damit viele Netzwerke im Gehirn, und bei besonders lebendiger Vorstellung einer bevorstehenden Aufgabe werden viele visuelle Areale des Gehirns stimuliert. Das fördert ein sehr realistisches Gefühl für die zukünftige Herausforderung, verleiht Sicherheit und Selbstvertrauen. Wir können oft nicht genau unterscheiden, ob wir etwas erleben oder es uns eben nur vorstellen – genau das nutzen wir für dein Selbstvertrauen aus. Wenn du beispielsweise unter Prüfungsangst leidest, dann kann die positive Visualisierung einer bestandenen Prüfung, von lösbaren Fragen, von sich selbst oder davon, wie man vieles gut beantworten kann, dem Angstgefühl sehr wirksam entgegenwirken. Wenn du den zweiminütigen Ablauf der Selbstvertrauensvisualisierung beendet hast, ist auch die Übung geschafft, und dann kannst du mit einem guten Gefühl dein Training beenden.

Den Ablauf mit einem guten Kopfhörer durchzuführen gibt dir wieder die Möglichkeit, das Umfeld gut auszublenden und die Wirkung der Musik voll und ganz zu erleben.

Verwendest du das Mitmachprogramm regelmäßig, dann wird auch hier mit der Zeit die Musik mit einem extragroßen Selbstvertrauensgefühl und mit einer starken Selbstwirksamkeitserwartung verknüpft. Für eine bildliche Darstellung des Selbstvertrauenprogramms kann dir die folgende Grafik sehr anschaulich helfen.

Starte die Musik und schließe deine Augen

TRAININGSABLAUF

5 Minuten
1 Song

STÄRKENIMAGINATION
Nimm dir zwei Minuten Zeit, deine größten Fähigkeiten zu imaginieren. Was kannst du wirklich gut, welche Stärken hast du? Erinnere dich an Momente voller Selbstvertrauen und was du hier gut gemacht hast.

2 Minuten

AFFIRMATIONEN
Wiederhole Sätze wie „Ich weiß, dass ich es kann", „Ich kenne meine Stärken", „Ich bin voller Selbstvertrauen" immer wieder gedanklich hintereinander.

1 Minute

VISUALISIERUNG
Stelle dir jetzt die Situation bildlich vor, in der du heute oder in den nächsten Tagen alle Herausforderungen mit Selbstvertrauen meistern wirst. Du kannst dich schon jetzt sehen, wie du mutig, stark und erfolgreich agierst.

2 Minuten

Die Programmempfehlungen

So wie du auch im Entspannungsprogramm von mir ein paar Hinweise zur Verwendung bekommen hast, darf ich dir auch bei diesem Thema wieder kleine, unverbindliche Empfehlungen aussprechen. Du selbst kannst diese wieder nach Lust und Laune ausprobieren oder einfach auch deine persönliche Routine entwickeln und weitere Erfahrungen sammeln.

Die Grunderkenntnis lautet: Je öfter wir es schaffen, Selbstvertrauen zu spüren, desto mehr wird es in uns wachsen. Wir bekommen dieses Vertrauen in unsere Fähigkeiten entweder durch gute, erfolgreiche Leistungen oder eben durch die regelmäßige mentale Vorstellung, was wir alles gut können. Das Selbstvertrauentraining soll dir Spaß machen, Freude bereiten und dich mit deinen persönlichen Stärken wachsen lassen. Ich habe schon viele Mitmachprogramme erstellt, in denen es für Spitzensportler um Selbstvertrauen für ihre Wettkämpfe geht. Alle diese Erfolgsprogramme waren so unglaublich unterschiedlich, aber hatten eines stets gemeinsam: das Setup und das System der Wiederholung. Diese Gemeinsamkeit ist der Schlüssel zum Erfolg, nicht nur für Sportler, sondern jetzt auch für dich.

Setze dein Programm auf unterschiedlichste Art und Weise ein. Version 1: Nach einem erfolgreichen Tag nutzt du deine Erfolgsstimmung und baust das Erlebnis gleich mit ein. So kannst du dir gut Details nochmals visualisieren, und durch die zeitliche Nähe fällt das viel leichter als bei Ereignissen, die schon längere Zeit vorbei sind. Durch dein mentales Selbstvertrauenprogramm, das du am besten abends ausführst, kannst du den Erfolg des Tages nutzen, um dein Selbstvertrauen noch mehr zu festigen.

Version 2: Übe kurz vor einem wichtigen Termin, damit du mit dieser guten Stimmung in deine Herausforderung gehen

Die Programmempfehlungen

kannst und dich damit pushen kannst. Dies ist die Wettkampfversion: Du aktivierst mit dem Ablauf deinen starken Glauben an dich und deine Fähigkeiten und wirst durch diese positive Selbstbeeinflussung mit mehr Sicherheit in den Moment gehen.

Version 3: Du kannst heute weder bedeutsame Erfolgserfahrungen vorweisen, noch hast du heute eine große Herausforderung zu bewältigen, dann übe doch einfach ganz neutral für den Ernstfall. Die neutrale Variante kannst du jederzeit gerne zwischendurch, wann immer du ein paar Minuten Zeit hast, üben und somit deinen Selbstvertrauenmuskel wachsen lassen. Dein Selbstvertrauen wächst durch dein mentales Üben und natürlich dann auch mit deinen realen Herausforderungen. Ein Satz, den ich immer wieder von Sportlern aufgeschnappt habe, lautet: „Mit Selbstbewusstsein lebt es sich leichter!" Genau diese Freude und Leichtigkeit wünsche ich dir. Hier kannst du diese Möglichkeiten auch noch einmal in der folgenden Abbildung studieren:

VERSION 1	VERSION 2	VERSION 3
ERFOLGS-ERLEBNIS	PUSH-FUNKTION	DIE NEUTRALE VARIANTE
Übe nach dem Erlebnis oder Abends	Übe kurz vor Herausforderungen	Übe zwischendurch oder am Abend
Du warst heute erfolgreich und erlebst diesen Moment noch einmal	Du möchtest heute mit Selbstvertrauen in einem Moment agieren	Heute ist nichts Besonderes passiert, du übst für den Einsatz in Zukunft

Durch regelmäßiges Üben wirst du auch in diesem Falle nach einiger Zeit wieder die Musik im Hörprogramm mit dem Gefühl von Selbstvertrauen verbinden. Dies könntest du dann jederzeit vor wichtigen Situationen für dich nutzen, indem du nicht mehr die ganze Übung durchmachst, sondern nur noch die Musik hörst und dich damit in eine mutige Stimmung versetzt. Die Musik allein kannst du dir wieder auf „Digital Mental" – natürlich für dich kostenfrei – downloaden:

Stärke dein Selbstvertrauen mit meinen Mentaltipps

Tipp Nr. 1: Das Eigenlobtagebuch

Gestalte in den nächsten Wochen dein ganz persönliches Lobtagebuch und schreibe in Stichworten auf, was du tagtäglich alles leistest und meisterst. Diese dann bald sehr lange Liste liest du einmal pro Tag kurz durch und ergänzt sie immer wieder mit Neuem. Das stärkt dein Selbstvertrauen und zeigt dir jeden Tag, was du wirklich so draufhast!

Tipp Nr. 2: Die Routinemethode

Immer die gleichen gewohnten Abläufe vor dem Wettkampf helfen dabei, sich sicherer zu fühlen. Zum Beispiel gleiches Frühstück oder die gleichen Lieder zu hören – immer alles gleich zu machen ist ein Erfolgssystem der Sportler. Überlege dir einen Ablauf vor wichtigen Momenten, der immer gleich ist.

Tipp Nr. 3: Die Selbstgesprächsregulation

Nachweislich beeinflussen auch Selbstgespräche unsere Gefühle. Durch stärkende Selbstgespräche wie „Ich schaffe das heute, ich habe mich super vorbereitet, ich werde zeigen was ich kann!" werden Zweifel bekämpft und rufen wir unser Können besser ab. Das Kontrollieren deiner eigenen Gedanken nennen wir Selbstgesprächsregulation.

„Wer nicht weiß, was er kann, der kann es nicht.
Wer vielleicht weiß, was er kann, der kann es noch immer nicht.
Wer allerdings genau weiß, was er kann, der kann es auch!"

Manuel Horeth

Was du Unglaubliches über Selbstvertrauen gelesen hast!

- Der Selbstwert eines Menschen besteht aus Selbstliebe, Selbstbewusstsein und Selbstvertrauen.

- Für mentale Stärke ist Selbstvertrauen wesentlich, weil es für den Glauben an seine eigenen Fähigkeiten steht.

- Eine hohe Selbstwirksamkeitserwartung bedeutet, die Gewissheit zu haben, mit den eigenen Fähigkeiten schwierige Situationen lösen zu können.

- Viele persönliche Erfolge zu erleben bildet den wichtigsten Grund einer hohen Selbstwirksamkeit, dies bezeichnete Albert Bandura als „Mastery Experience".

- Ist unsere Körpersprache voller Selbstsicherheit, dann wirkt sich das zusätzlich verstärkend auf unser Selbstvertrauen aus.

- Je größer das Selbstvertrauen in diesen Momenten ist, je mehr Selbstwirksamkeit wir spüren, desto größer ist die Chance, dass wir diesen Schritt aus der Komfortzone gehen.

- Dein Selbstvertrauenprogramm: Zuerst Selbstvertrauen erzeugen durch einen Blick in die eigene Vergangenheit und sich seines Könnens und seiner Stärken besinnen. Und dann der Blick nach vorne, um schon zu visualisieren, was man alles sehr gut machen wird. Das bringt noch einmal einen zusätzlichen Selbstvertrauens-Booster.

Die Bündelung aller Kräfte

Schon einmal einen stumpfen Nagel in die Wand geschlagen? Ich besitze leider keine ausgeprägten handwerklichen Fähigkeiten, aber allgemein gilt: Je dünner die Nagelspitze, desto leichter dringt sie in die Wand. Das ist ein schönes Beispiel, wie wir die Fähigkeit der Konzentration als Bild beschreiben können. Alle Kräfte finden sich an einem Punkt wieder, das ist wahre Konzentration.

Weil wir für unsere Erfolge oft in kurzer Zeit vieles sehr genau bewerkstelligen müssen, steht Konzentration für ein wesentliches Element der mentalen Stärke. Die Bündelung aller Kräfte, damit nur die momentan aktuelle, wesentliche Aufgabe im Mittelpunkt steht und erfolgreich durchgeführt werden kann, bildet auch den Kern dieses Kapitels. Die Kunst dabei ist die Bündelung deiner Kräfte durch das Ausblenden von Störfaktoren. Der Begriff der Konzentration bedeutet umschrieben so viel wie „zusammen zum Zentrum" und steht für eine geplante Fokussierung der Aufmerksamkeit auf einen konkreten Ablauf für einen bestimmten Zeitraum.

Du kannst dich vielleicht dazu noch an den Beginn des Live-Programms „Mentale Stärke für Österreich" erinnern. Wenn es losgeht, betrete ich nach dem Eröffnungsvideo die Bühne und begrüße das Publikum. Diese ersten Momente eines Bühnenprogramms sind sehr wichtig, da der erste Eindruck zählt und die wichtigsten Botschaften zum ersten Mal vermittelt werden. Hier nutze ich die Bündelung aller Kräfte und reduziere für ein paar Sekunden alles auf das Notwendigste. Die Bühne wird verdunkelt, und nur ich werde stark von Scheinwerfern angestrahlt, damit alles andere ausgeblendet scheint. Meine Stimme wird besonders klar und deutlich durch das Mikrofon über die Laut-

Die Bündelung aller Kräfte

sprecheranlage verstärkt, und eine Kamera zeigt auf einer großen Leinwand mein Gesicht groß und klar. Diese Konzentration des Wesentlichen bringt einen absoluten Fokus auf meine Worte, die ich ans Publikum richte:

„Ich bin heute hier, um über mentale Stärke zu sprechen. Nichts in unserem Leben ist so stark wie die Macht unseres Geistes. Unsere Gedanken bringen unsere Wünsche, und unsere Taten lassen sie in Erfüllung gehen. Die Quelle deiner mentalen Stärke existiert in dir, aktivieren wir sie und machen das Unmögliche möglich! Herzlich willkommen bei ‚Mentale Stärke für Österreich'!"

Konzentration ist die menschliche Fähigkeit, die gesamte Aufmerksamkeit auf ein Thema, auf ein Ziel zu lenken. Dies funktioniert sehr gut durch das Abschalten von Störfaktoren. Diese Faktoren bestehen aus äußeren und inneren Ablenkungen. Zu den äußeren zählen wir visuelle Störbilder, akustische Störgeräusche und olfaktorische Störgerüche. Das können beispielsweise ein Blick durchs Fenster auf eine stark frequentierte Straße sein, laute Musik oder eine intensive Duftkerze. Als innere Ablenkungen sehen wir für den Moment nicht angebrachte Gedanken und Gefühle. Zum Beispiel beschuldigte dich jemand, dass du ein Versprechen nicht eingehalten hast, und das beschäftigt dich, weil es nicht stimmt. Je weniger von diesen Störfaktoren um dich herum vorherrschen oder je besser trainiert du bist, diese auszublenden, desto besser kannst du dich auf die Bündelung all deiner Kräfte konzentrieren. Wenn du dich voll und ganz auf eine Aufgabe fokussieren möchtest, schalte zu Beginn aktiv alle diese Ablenkungen aus. Du kannst dir das folgendermaßen vorstellen: Du hast die Aufgabe, deine Wahrnehmung direkt auf das Wesentliche zu lenken, wie einen Pfeil in die Mitte einer Scheibe. Ganz egal, was um dich herum passiert, dein Gedankenpfeil fixiert das Ziel und blendet alles andere aus. Ein schönes Beispiel dazu ist der in der Psychoakustik sehr bekannte „Cocktailparty-Effekt". Angenommen, du bist auf einer Cocktailparty, laute Musik kommt aus den Boxen, und viele Menschen bilden durch ihre Gespräche eine konfuse Geräuschkulisse. Du hast vielleicht ein Rendezvous auf dieser Party und bist trotz hoher Geräuschkulisse sehr fokussiert auf deine Begleitperson. Dein Gehirn kann genau auswählen, welches Geräusch ausgeblendet werden soll. Jene Töne, welchen wir keine Aufmerksamkeit schenken, hören wir gar nicht. Du hast die Fähigkeit, deinem Gespräch genau zu folgen und nur eine Stimme herauszufiltern. Und jetzt kommt der Cocktailparty-Effekt: Irgendwo in der Menge sagt jemand deinen Namen. Sofort reagierst du darauf, fokussiert dich nur noch auf diese Wahrnehmung, denn im Gedächtnis befindet sich der eigene Name als Schlüsselbegriff. Sobald dieser Name unbewusst wahrgenommen wird, horchen wir sofort auf und verschieben unseren Fokus in diese Richtung. Wenn also bei deiner nächsten Party oder Feier alle Gäste durcheinanderreden, ist das für dich überhaupt kein Problem. Wir haben die Fähigkeit, uns auch auf einzelne Stimmen im großen Durcheinander konzentrieren zu können. Diese und jede andere Konzentration auch bleibt allerdings nicht von allzu langer Dauer. Konzentration und Aufmerksamkeit können wir nicht dauerhaft halten, wir können dies nur für einen bestimmten Zeitraum schaffen.

> **„Ganz egal, was um dich herum passiert, dein Gedankenpfeil fixiert das Ziel und blendet alles andere aus."**
> *Manuel Horeth*

Konzentration aufs Wesentliche

Mein Insider-Tipp für dich

Der Cocktailparty-Effekt zeigt die fantastische Fähigkeit deines Gehirns, selektiv Geräusche, wie etwa gesprochene Worte, zu filtern und alle akustischen Störelemente gleichzeitig auszublenden. Nutze diese Fähigkeit nicht einfach per Zufall, sondern trainiere sie. Ja, du hast richtig gelesen, du kannst dieses Fokussieren auf einzelne Gespräche in einem großen Stimmendurcheinander auch üben und verbessern. Dies gehört zum Spektrum deiner mentalen Stärke und kann dir oft sehr hilfreich sein, wenn du sehr schnell in einem lauten Umfeld die für dich wichtigen Informationen herausfinden willst.

Ich kenne einige sehr erfolgreiche Spitzensportler, die gerade kurz vor den Wettkämpfen unter einer großen Geräuschkulisse auch zu leiden haben: viele Menschen, viele Stimmen, viele Störelemente. Damit sie sich selbst trainieren können, in diesen Momenten kurz vor dem Start hochkonzentriert zu sein, habe ich dafür ein eigenes Hörprogramm entwickelt, in dem viele Störgeräusche vorkommen. Die Sportler trainieren dann, sich auf nur den einen Gedanken zu konzentrieren und dabei diese Ablenkungen auszublenden. In deinem Konzentrationsprogramm habe ich auch für dich solche Elemente mit eingebaut, damit du wie ein Spitzensportler an deiner Fokussierung arbeiten kannst.

Mentalübung

Wenn es dir schwerfällt, deinen Fokus aufrechtzuerhalten, kann ich dir folgende schnelle Übung ans Herz legen: Zähle von 50 rückwärts bis null. Schließe kurz deine Augen, entspanne dich und versuche dich nur aufs Zählen zu konzentrieren. Entspanne dabei deine Muskeln, atme entspannt tief und stell dir, wenn du magst, die Zahlen dazu auch noch bildlich vor. Stress dich dabei nicht, sondern lass dir ganz entspannt Zeit, die Übung durchzuführen. Am Ende öffnest du wieder deine Augen und beginnst konzentriert weiterzuarbeiten.

Von Pareto bis Eisenhower

Konzentriert zu arbeiten liegt nicht nur am Ausblenden der Störelemente, es liegt auch am sogenannten „Timeboxing". Mit diesem Begriff wird eine Technik der Zeitorganisation beschrieben, in der klar festgelegte Zeiten für deine Aufgaben geplant werden. Du bestimmst genau, was am Ende dieser Timeboxen erreicht sein soll. Wesentlich ist hier die hohe Konzentration, die man im Zeitrahmen aufbringt, um möglichst schnell und sehr fokussiert seine Aufgabenliste abzuarbeiten. Teile deinen Arbeitstag also am besten in mehrere Phasen ein, in denen du dich mit voller Konzentration allem, was zu tun ist, widmest. Nicht kürzer, aber auch nicht länger.

Unser Gehirn nimmt pro Sekunde rund elf Millionen Sinnesreize wahr. Um hier die Konzentrationsfähigkeit aufrechterhalten zu können, solltest du dir immer wieder Erfrischungspausen gönnen. Entspannung zwischen den Fokussierungszeiten bringt die abgefallene Konzentration wieder zurück.

Ich empfehle dir für deinen Alltag, unterschiedliche Organisationssysteme zu testen und auch noch weitere mit in die tägliche Verwendung zu nehmen. Wer einige Zeitstrategien gezielt verwendet, der kann seine Konzentration um vieles besser aufrechterhalten.

Schauen wir uns einmal das bekannte Pareto-Prinzip an. Hierbei geht es um die vom Soziologen Vilfredo Federico Pareto entdeckte 80:20-Regel. Mit seiner Regel, dem Pareto-Prinzip, stellte er fest, dass wir mit 20 Prozent unserer Arbeit bereits 80 Prozent der Ergebnisse erreichen. Die verbleibenden 20 Prozent der Aufgaben benötigen dann 80 Prozent der Zeit. Wir brauchen also, um 100 Prozent – die Perfektion – zu erreichen, dann noch viermal so lange wie für die ersten 80 Prozent.

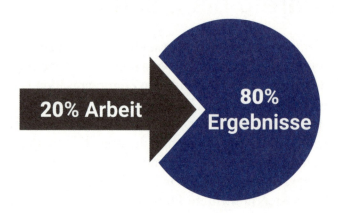

Viele Unternehmen schwören auf das Pareto-Prinzip, zeigen auch immer wieder, dass beispielsweise 20 Prozent der Kunden rund 80 Prozent des Umsatzes bringen. Können wir für unsere Konzentrationsfähigkeit aus dieser Regel Sinnvolles ableiten? Ich denke, es ist praktikabel, einen gewissen Prozentsatz deines Aufwandes herauszufinden, der für dich das wirkungsvollste Ergebnis erzeugt. Und dann konzentriere dich genau auf diese Tätigkeiten. Pareto selbst, bin ich überzeugt, wollte uns niemals nur auf zwei Zahlen beschränken. Was viele Menschen nicht wissen, ist, dass hinter dem Pareto-Prinzip die komplexe Pareto-Verteilung und noch viele weitere mögliche Zahlen beinhaltet sind. Egal ob 80:20 oder 70:30 oder vielleicht auch 60:40, eines soll uns das Pareto-Prinzip für unsere Konzentration sagen: Weniger ist mehr! Nicht dauerhaft viel tun, sondern das Wesentliche für den Erfolg! Fokussiere dich in kleinen Häppchen auf die wichtigsten Aufgaben, und du wirst stets fokussiert und erfolgreich sein. Hier greift als Unterstützung nun das sogenannte Eisenhower-Prinzip oder auch die Eisenhower-Matrix. Benannt wurde das sehr einfache und hilfreiche Konzentrationswerkzeug nach dem amerikanischen General und späteren US-Präsidenten Dwight D. Eisenhower. Es geht dabei um die Konzentration auf das Wesentliche. Zwei Hauptthemen werden beim Eisenhower-Prinzip klar geregelt. Erstens die Frage „Wie dringend ist die Aufgabe?" und zweitens die Frage „Wie wichtig ist die Aufgabe?" Durch die Beantwortung dieser Fragestellungen ergeben sich dann folgende Einteilungen.

Die dringenden und wichtigen Aufgaben:

Aufgaben, die sowohl dringend als auch sehr wichtig sind, sollst du sofort bearbeiten.

Die nicht dringenden, aber wichtigen Aufgaben:

Aufgaben, die nicht dringend, aber von hoher Wichtigkeit sind, können warten. Diese Aufgaben sollst du zeitlich planen.

Die dringenden, aber nicht wichtigen Aufgaben:

Aufgaben, die dringend sind, aber keine Wichtigkeit haben, sind nichts für dich. Diese Aufgaben solltest du abgeben.

Die nicht dringenden und nicht wichtigen Aufgaben:

Aufgaben, wie weder dringend noch wichtig sind, kommen in den Papierkorb und werden nicht bearbeitet.

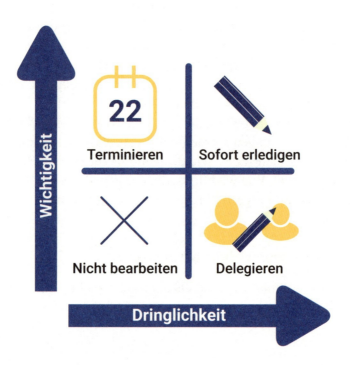

So ist es möglich, den vollen Fokus auf die wesentlichen Aufgaben zu behalten und mit weniger Zeitaufwand das Beste zu schaffen.

Übrigens, falls du ein Verfechter des Multitasking bist, der Ausführung zweier oder mehrerer Aufgaben zur selben Zeit, dann möchte ich dir eine kurze Erkenntnis mit auf den Weg geben. Wissenschaftler haben bewiesen, dass Multitasking zu einem enormen Leistungsverlust und zu einem Konzentrationsverlust führen kann. Aktive Denkabläufe können nur der Reihenfolge nach durchgeführt werden. Für uns ist es einfach schwieriger,

Professor Psycho

Kein Multitasking für Konzentration

Unser Arbeitsgedächtnis, das sich vor dem Frontallappen in der rechten Gehirnhälfte befindet, steuert, welche Reize und Signale zuerst bearbeitet werden. Es erledigt immer nur eine Sache auf einmal. Eine geteilte Aufmerksamkeit schwächt somit unsere Konzentrationsfähigkeit. Teilen wir unseren Fokus also auf mehrere Aufgaben auf, kann das eine negative Auswirkung auf unsere Geschwindigkeit und auf die Fehleranfälligkeit haben.

zwei Dinge gleichzeitig zu denken und uns auch noch darauf zu fokussieren. Für deine maximale Konzentration während deiner Tätigkeiten erledigst du sie am besten der Reihe nach. Wer sich stärker konzentrieren möchte, der kann seine Aufmerksamkeit auf eine konkrete Tätigkeit lenken.

Stelle dir die Masterfrage

Das wahre Geheimnis hinter bedingungsloser Konzentration und der Bestrebung, den absoluten Fokus zu finden, stellte mich vor eine große Herausforderung. Die Bündelung aller Kräfte für zeitlich begrenzte Abläufe bildet eine sehr gute Grundlage für das Fokussieren. Und den Rest beantwortet die Masterfrage. Diese mächtige Frage müssen wir uns alle selbst stellen, damit wir im Flow bleiben, damit wir die Bündelung aller Kräfte aufrechterhalten. So simpel die Frage auch ist, sie birgt alles, was wir für einen hohen Konzentrationspegel benötigen. Stelle dir, wenn du dich konzentrieren möchtest, folgende Masterfrage:

Bringt mich das, was ich mache oder machen werde, meinem Ziel näher?

Hinter dieser Frage verstecken sich Leidenschaft und echtes Interesse für das Thema selbst. Hinter dieser Frage verbirgt sich der Glaube an das Erreichen deiner Ziele durch eine fokussierte Tätigkeit. Je größer dieser Glaube, je stärker diese Leidenschaft und je größer das echte Interesse, desto geballter wirkt die Kraft, das Ziel zu erreichen.

Jetzt ist es an der Zeit, mit meinem Programm für dich deine Fähigkeit der Konzentration noch stärker zu aktivieren.

Das Konzentrations-Setup

Dein Üben der Konzentrationsfähigkeit sehe ich als nicht unwesentlichen Baustein der mentalen Stärke. Beim Thema Konzentration geht es darum, wie du etwas durchführst, und nicht unbedingt darum, was du tust. Die Tools des Konzentrations-Setups bestehen aus folgenden Elementen:

Tool 1 ist konzentrationsfördernde Musik. Der Komponist Philipp Schinwald hat mit mir eine interessante Mischung aus Klavier- und konzentrationsbildenden Tönen für das Setup geschaffen. Klassische Musik selbst verbessert die Konzentration, heißt es in einigen Studien.

Tool 2 besteht aus der fokussierten Atmung. Ein kontrolliertes und bewusstes tiefes Einatmen und Ausatmen wirkt stressreduzierend und konzentrationsfördernd. Die Atemtechnik verstärkt in unserem Gehirn die Produktion von Acetylcholin, einem Neurotransmitter, der die Kommunikation zwischen Nervenzellen ermöglicht. Acetylcholin bewirkt, dass du besser konzentriert und aufmerksam bist.

Tool 3 ist die Übung aus dem Spitzensport, die dich trainiert, Störfaktoren auszublenden. Du hörst Störgeräusche und hast dazu die Aufgabe, dich auf einen Gegenstand zu konzentrieren und die Geräusche nicht zu beachten. Genau das kann man trainieren. Man übt, festzustellen, dass der akustische Störfaktor ohne Bedeutung ist. Du wirst ihm dadurch von Mal zu Mal immer weniger Aufmerksamkeit schenken, bis er irgendwann gar nicht mehr da ist. Gewohnheit steht für einen Schutzmechanismus, der uns vor Stress und Überlastung schützen soll. Du übst damit, grundsätzlich Geräusche schneller ausblenden zu können.

Tool 4 ist die Flow-Visualisierung. Durch die inneren Bilder und das filmische Vorstellen eines konzentrierten Momentes bekommst du ein immer besseres Gefühl für diesen Zustand. Wir wollen die erforderlichen Handlungen einfach nur ausführen, und die Visualisierung hilft dir, alles schon vorab mental zu planen. Durch Hirnforschungen wissen wir, dass schon alleine durch geistige Vorstellung Areale im Gehirn aktiviert werden, die auch später in der realen Umsetzung mit dabei sind. Die wesentlichen Regeln für einen Flow-Zustand sind in dieses Tool mit eingebaut, und du wirst sie dann später im weiteren Ablauf finden.

Tool 5 ist die Masterfrage. Du stellst dir eine Frage, die dich zum Nachdenken über dich selbst animiert. Die Frage, warum du etwas machst, erfordert einen ehrlichen Blick in unser Inneres. Das bewirkt oft eine Selbsterkenntnis dahingehend, was wirklich wichtig für uns ist. Die Masterfrage bewirkt absolute Offenheit sich selbst gegenüber und unterstützt positive Emotionen nach vorne, und das löst den Fokus für die Tätigkeit aus.

Zusammenfassend sind dies nun die fünf Tools deines Konzentrations-Setups:

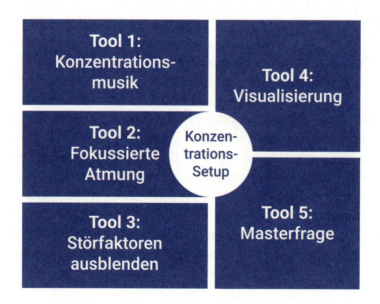

Das Konzentrationsprogramm für dich

Aus dem Konzentrations-Setup gestaltete ich wiederum den Inhalt deines Mitmachprogramms. Die Verbindung der fest definierten Inhalte mit mentalen Techniken aus dem Setup gibt dir die Möglichkeit, erneut konstant zu trainieren. Gerne begleite ich dich auch hier durch die Übung. Zum Start lade dir bitte auf „Digital Mental" die passende Datei auf dein Handy.

Gehen wir kurz den Ablauf gemeinsam durch, damit du dann mit geschlossenen Augen in Ruhe loslegen kannst. Du startest dann die Konzentrationsmusik mit meinen Mitmacherklärungen. In der ersten Minute kümmerst du dich um deine fokussierte Atmung. Nimm dir Zeit, deinen Atemfluss aktiv zu beobachten. Leg die Hände auf deinen Bauch und beobachte entspannt, wie du einatmest und ausatmest. Versuche dazu, tiefer zu atmen und deinen Körper mit genügend Sauerstoff zu füllen. Konzentriere dich auf dein tiefes Atmen und komme damit zur Ruhe.

Für die nächste Minute folgt das Störfaktoren-Ausblend-Training. Stell dir bildlich vor, du stehst in einem Tunnel und siehst gedanklich einen Gegenstand deiner Wahl. Beschreibe dir gedanklich diesen Gegenstand. Viele Störgeräusche sind um dich herum, und deine Aufgabe ist es, dich von ihnen auf keinen Fall stören zu lassen. Du kannst bei mehreren Übungsdurchgängen gerne immer einen anderen Gegenstand dazu verwenden. Ziel ist es, durch immer wieder Üben mit der Zeit die Störfaktoren gar nicht mehr zu beachten. Am Anfang werden sie dich sehr stören, aber von Tag zu Tag wird dies immer weniger sein. Damit kannst du beobachten, wie deine Fähigkeit des Ausblendens von Störelementen immer größer wird. Als Nächstes kommt die Flow-Visualisierung. Stelle dir jetzt vor, wie du eine Aufgabe oder eine bevorstehende Tätigkeit besonders konzentriert erledigst. Du siehst dich tief involviert in der Handlung, du hast 100 Prozent Kontrolle über alles und spürst keinen Zeitdruck. Stelle dir vor, wie es Spaß macht und du glücklich bist für den Moment.

Zum Schluss stellst du dir zu einer Tätigkeit, die du heute mit Konzentration und Fokus erledigen sollst, die Masterfrage: Bringt mich das, was ich machen werde, meinem Ziel näher? Stell dir die Antwort und das Ziel dazu schon bildlich vor.

Gesamt betrachtet stellst du am Beginn des Mitmachprogramms durch die Atmung Entspannung und Fokus her. Dann trainierst du, Störfaktoren auszublenden und dich auf einen Gegenstand im Tunnel zu konzentrieren. Weiters erzeugst du mental einen Flow-Zustand zu einer Tätigkeit, die du beispielsweise heute oder morgen konzentriert erledigen möchtest, und betrachtest dich, wie dir das Spaß macht. Zur Abrundung stellst du dir dann noch – für einen Blick in dein Inneres – die Frage, ob dich das auch weiterbringt. Die positiven Bilder über dein Ziel, zum Beispiel darüber, wie du eine anstrengende Aufgabe fokussiert und schnell bewerkstelligt hast, motivieren dich, das auch umzusetzen. Das Mitmachprogramm soll dir ein gutes Gefühl für einen konzentrierten Zustand geben. Kannst du dieses Gefühl mental stets verbessern, dann wirst du es auch in der Realität gut für dich einsetzen. Auf der nächsten Seite siehst du den Ablauf im Überblick.

4 Minuten
1 Song

Starte die Musik und schließe deine Augen
TRAININGSABLAUF

FOKUSSIERTE ATMUNG
Nimm dir eine Minute Zeit, deinen Atemfluss aktiv zu beobachten. Leg die Hände auf deinen Bauch und beobachte entspannt, wie du einatmest und ausatmest. Konzentriere dich auf dein Atmen und komme damit zur Ruhe.

1 Minute

STÖRFAKTOREN AUSBLENDEN
Stell dir vor, du stehst in einem Tunnel und du siehst gedanklich einen Gegenstand deiner Wahl. Beschreibe dir gedanklich diesen Gegenstand und lass keine anderen Gedanken zu. Viele Störgeräusche sind um dich herum, und deine Aufgabe ist es, dich von ihnen auf keinen Fall stören zu lassen.

1 Minute

FLOW-VISUALISIERUNG
Stell dir jetzt vor, wie du eine Aufgabe besonders konzentriert erledigst. Du siehst dich tief involviert in der Handlung, du hast 100% Kontrolle über alles und spürst keinen Zeitdruck. Stelle dir vor, wie es Spaß macht und du glücklich bist für den Moment.

1 Minute

MASTERFRAGE
Zur Tätigkeit, die du heute mit Konzentration und Fokus erledigen sollst, stellst du dir folgende Frage: Bringt mich das, was ich machen werde meinem Ziel näher? Stell dir die Antwort und das Ziel dazu schon bildlich vor.

1 Minute

Konzentration

Die Programmempfehlungen

Ich hoffe, das Ausprobieren des Programms hat dir Spaß bereitet. Es gibt zwei unterschiedliche Herangehensweisen, in welchen Situationen das Mitmachprogramm für dich sinnvoll sein kann. Version 1 dient zur Reaktivierung. Du bist erschöpft, kannst dich nicht mehr konzentrieren, hast zum Beispiel schon viele Stunden an einer Präsentation gearbeitet – dann kannst du das Programm nutzen, um zu entspannen, wieder den Fokus zu bekommen und dir eine wirkungsvolle Pause zu gönnen.

Version 2 kannst du einsetzen, um vor einem wichtigen Moment, beispielsweise einer langweiligen Besprechung, einen fokussierten Zustand herzustellen. So kannst du hochkonzentriert in das Gespräch gehen.

Die Extraportion Konzentration aus meinen Mentaltipps

Tipp Nr. 1: Der Wassertrick

Unsere Konzentration kann durch Flüssigkeitsmangel um bis zu 30 Prozent sinken, und dadurch wird die Kommunikation der Hirnzellen gestört. Möchtest du deine Konzentrationsfähigkeit aufrechterhalten, trinke immer wieder ein Glas Wasser – und zwar, ganz wichtig, bevor der Durst noch entsteht.

Tipp Nr. 2: Der Zusammenfassungstrick

Möchtest du dir Informationen besonders gut merken können und voll konzentriert bei der Sache sein, dann hilft dieser hochwirksame Trick. Lese beispielsweise einen Text oder höre einen Vortrag so, als würdest du ihn sofort danach jemand anderem in wenigen Worten erzählen können! Dieses gleichzeitige Aufnehmen und Trennen von wichtigen und unwichtigen Informationen macht dich automatisch hochkonzentriert.

Tipp Nr. 3: Das richtige Licht

Für alle, die in geschlossenen Räumen arbeiten, empfiehlt es sich, helles Licht mit hohen Blauanteilen zu verwenden. Nutze dieses Licht, denn es macht wach und aufmerksam. Kaltweißes Licht wird dir helfen, deine Tätigkeiten mit mehr Konzentration zu erledigen.

Was du Unglaubliches über Konzentration gelesen hast!

- Der Begriff der Konzentration bedeutet umschrieben so viel wie „zusammen zum Zentrum" und steht für eine geplante Fokussierung der Aufmerksamkeit auf einen konkreten Ablauf für einen speziellen Zeitraum.

- Die Bündelung aller Kräfte für zeitlich begrenzte Abläufe bildet eine sehr gute Grundlage für den Fokus.

- Ein kontrolliertes und bewusstes tiefes Einatmen sowie Ausatmen wirkt konzentrationsfördernd.

- Um die Konzentrationsfähigkeit aufrechterhalten zu können, solltest du dir immer wieder Erfrischungspausen gönnen. Entspannung zwischen den Fokussierungszeiten bringt die abgefallene Konzentration wieder zurück.

- Wir haben die Fähigkeit, uns auch auf einzelne Stimmen im großen Durcheinander konzentrieren zu können. Das nennt man den Cocktailparty-Effekt.

- Mit dem Pareto-Prinzip wird gezeigt, dass wir mit 20 Prozent unserer konzentrierten Arbeit bereits 80 Prozent der Ergebnisse erreichen.

- Wissenschaftler haben bewiesen, dass Multitasking zu einem enormen Leistungsverlust und zu Konzentrationsverlust führen kann.

Positives Denken, um Gottes Willen!

Wir kommen jetzt zu einem für mich sehr persönlichen, allerdings auch immer wieder sehr kritisch betrachteten Thema. Im Büchersektor findest du viele Bücher, die dir durch das positive Denken sozusagen den „Heiligen Gral" versprechen. Die Heilung aller Probleme, basierend auf dem positiven Denken, findet bei vielen Motivationsrednern in teuren Seminaren und breitgestreuten YouTube-Videos regen Anklang. Allerdings leider selten auch den versprochenen Erfolg. Positives Denken wird leider nicht immer richtig verstanden und hat in Bezug auf sein Image eine falsche Schublade bekommen. Wir hören irgendwo Floskeln, wie „Du musst einfach nur positiv denken, und alles wird wieder gut" und denken uns: „Um Gottes willen, bitte nicht schon wieder!" Gerade weil der Begriff „positives Denken" nicht immer erfreulich besetzt ist oder zumindest kritisiert wird, möchte ich dich zumindest vom Inhalt und von der sinnvollen Sichtweise dazu überzeugen.

Beginnen wir mit dem Begriff selbst. Ich nenne dieses Thema in meinem Konzept für mentale Stärke trotzdem positives Denken, weil es erstens tatsächlich für uns positiv ist und weil es zweitens definitiv unser Denken betrifft. Die folgenden möglichen Bezeichnungen für den Inhalt dieses Kapitels stehen ebenfalls auf meiner Liste: lebensbejahende Gedanken, lebensfrohe Einstellung, optimistische Grundhaltung, positives Mindset, positive Lebenseinstellung oder auch glückliches Lebensgefühl. Wie auch immer du es nennen möchtest – stellvertretend für all die möglichen Namen bezeichne ich es trotzdem als positives Denken. Gerade weil es Zeit ist, hier den Kritikern gute Gegenargumente und eine neutrale Sichtweise zu liefern. Ich möchte dich hier und heute überzeugen, dass du mit einer optimistischen Grundhaltung eine höhere Zufriedenheit und Lebensqualität erzielen kannst. Diese Grundhaltung bezeichnet man auch als Mindset.

Dieses Mindset ist unsere persönliche Denkweise, wie wir in bestimmten Situationen reagieren und wie wir Informationen bewerten. Positives Denken ist keine reine Floskel, die alles bildschön in deinem Leben erscheinen lässt. Für unsere mentale Stärke bedeutet positives Denken, diese optimistische Grundhaltung, dieses positive Mindset zu besitzen. Dies unterstützt uns im Alltag stärker, als wir glauben. Diese optimistische Grundhaltung hilft uns, mit Unsicherheiten und Ängsten besser umzugehen, Probleme lösungsorientierter zu betrachten sowie mehr Resilienz, also Widerstandskraft zu entwickeln. Das Element des positiven Denkens in deiner mentalen Stärke steht nicht für die rosarote Brille, alles schönzureden, es steht für deine Kompetenz, mit negativen Einflüssen aller Art kompetent umzugehen. Ist etwas Negatives vielleicht sogar gut für uns, dann kann positives Denken auch das erkennen und positiv nutzen. Ja, das klingt seltsam, aber das kann es durchaus geben. Was ich damit genau meine, möchte ich dir gleich zeigen. Schauen wir uns aber vorher kurz beide Seiten an, den Optimismus und den Pessimismus.

Optimismus vs. Pessimismus

Was bedeuten eigentlich Optimismus und Pessimismus? Schauen wir uns einen kurzen Auszug aus der Wikipedia-Definition an: „Optimismus ist eine Lebensauffassung, in der die Welt oder eine Sache von der besten Seite betrachtet wird." Optimisten erwarten stets, dass alles gut wird und dass die Welt einfach eine schöne Welt ist. Was sagst du dazu? Ich denke, wir sind uns vielleicht einig: Eine heile Welt alleine gibt es nicht.

Der Pessimismus wird bei Wikipedia als „eine Lebensauffassung mit einer Grundhaltung ohne positive Erwartungen und Hoffnungen" beschrieben. Pessimisten beurteilen die Welt als schlecht und erwarten sich keine bessere Entwicklung. Was sagst du nun dazu? Möglicherweise sind wir uns auch hier wieder einig: Eine rein schlechte Welt gibt es auch nicht.

Die Thema Optimismus gegen Pessimismus ist bis heute vielfach umstritten. Mit Untersuchungen zu positiven Auswirkungen von Optimismus konkurrieren andere, die Ungereimtheiten in den Ergebnissen zeigen und diese somit wieder in Frage stellen.

Mir geht es in unserer mentalen Stärke auf keinen Fall um blinden Optimismus, mir geht es um einen gesunden Optimismus und auch um einen gesunden Pessimismus. Ein gesunder Optimismus nutzt unsere Fähigkeiten zu einer realistischen Betrachtung unserer Lebensumstände und konzentriert sich darauf, Lösungen und Möglichkeiten für ein gutes Ergebnis aufzuzeigen, mit dem wir zufrieden sind. Ein gesunder Pessimismus im Leben kann ebenfalls strategisch hilfreich und wichtig sein. Haben wir wahre Probleme, gefährliche Bedrohungen oder auch unveränderliche Hindernisse, dann kann hier ein blinder Optimismus fehl am Platz sein und uns sogar schwer schaden. Bin ich wirklich krank, möchte ich dies auch so wahrnehmen; habe ich Fehler gemacht, dann möchte ich dies auch genau wissen; und kann ich etwas wirklich nicht, dann rede ich mir das auch nicht schön.

Dieser gesunde Pessimismus wurde von der amerikanischen Psychologin Julie Norem näher beschrieben und soll uns im Falle des Falles nicht zum Verzweifeln bringen, sondern uns sogar helfen, gute Entscheidungen und wirkungsvolle Maßnahmen zu treffen. Genau dies erlebe ich in der Erstellung von Mentalprogrammen für Spitzensportler immer wieder, dass es für den einen wirksam ist, optimistisch an den Erfolg zu glauben, dass jedoch für den anderen hier der Erfolgsdruck durch diese mächtigen inneren Bilder zu groß wird. Einige Sportler, die große Angst vor einem Wettkampf haben, empfinden es sogar als besser, sich vorzustellen, was alles genau schiefgehen könnte. Das beruhigt sie sehr, denn so können sie strategisch genau überlegen, was alles noch zu tun ist, damit es doch gut geht. Oder worauf sie beispielsweise während des kommenden Skirennens genau aufpassen müssen. Obwohl dieser Denkansatz pessimistisch ist, bringt er uns zum lösungsorientierten positiven Denken. Jeder Mensch ist anders: Der eine benötigt Erfolgsbilder und der andere die Erkenntnis der Risiken, um besser und beruhigter planen zu können. Auch hier, finde ich, ist eine gesunde Mischung oft sehr vorteilhaft, weil man von beiden Systemen profitieren kann. So viel zum Hintergrund, warum Pessimismus alias negatives Denken nicht unbedingt schlecht sein muss.

Einen sehr spannenden Unterschied in unseren persönlichen Sichtweisen erkennen wir auf dem Bild auf der nächsten Seite. Mehrere Mülltonnen zieren das Bild einer Dünenlandschaft. Wie würdest du jemandem dieses Bild beschreiben?

Möglichkeit A: „Dieses Foto zeigt eine Dünenlandschaft. Leider zerstören mehrere Mülltonnen das ursprüngliche Landschaftsbild. Warum müssen die Menschen, die in dieser Gegend spazieren gehen, so einen Müll machen. Diese hässlichen Tonnen verderben den Blick auf die Natur."

Möglichkeit B: „Dieses Foto zeigt eine wunderschöne, einsame Dünenlandschaft, die zum Entspannen und Spazieren einlädt. Der blitzblaue Himmel, das saftige Grün der Gräser und diese herrliche Weite beruhigen enorm und geben Kraft, wenn man sich dort befindet. Schön, dass einige Mülltonnen dort aufgestellt sind, die übrigens sogar die Farbe des Himmels tragen. So bleibt

Im Auge des Betrachters

der Müll der Spaziergänger nicht am Boden liegen, sondern wird eingesammelt, damit dieser wunderschöne Ort nicht verschmutzt wird." Welche Version würdest du nehmen? Ich möchte dies gar nicht werten, nur aufzeigen, wie Optimismus oder Pessimismus fest in unseren Persönlichkeiten schon verankert sind. Nutzen wir am sinnvollsten das Beste von beiden, dann haben wir viele Vorteile.

Kannst du dich im Live-Programm „Mentale Stärke für Österreich" noch an das Kurzvideo mit den toten Küken erinnern? 25 Momente, die du kurz gesehen hast, bestanden aus 22 neutral bis positiv besetzten Szenen und aus drei negativen. Auf meine neutral gestellte Frage „Welcher Moment ist dir am meisten aufgefallen?" haben viele im Publikum mit „Küken!" geantwortet. Ohne eigentlich danach gefragt zu werden, selektiert man eines der negativen Bilder sofort aus und entscheidet sich für dieses. Das machen wir grundsätzlich nicht immer, aber sehr gerne.

Hintergrund dazu ist der sogenannte „Negativity Bias", der auch als Negativitätseffekt bekannte Prozess in unserem Gehirn. Etwas sehr Positives hat im Allgemeinen weniger Einfluss auf das Verhalten einer Person als etwas sehr Negatives. Der „Negativity Bias" wurde in vielen verschiedenen Bereichen, wie etwa Bewertungen, Aufmerksamkeit, Lernen, aber auch Entscheidungen und Risikoüberlegungen, untersucht und bewiesen. Wir filtern Negatives heraus und bewerten es spürbar größer. Der Negativitätseffekt entstand vor Tausenden Jahren als Schutzmechanismus für uns Menschen, um Gefahren schneller zu erkennen.

Die Forscher Lucas LaFreniere und Michelle Newman aus den USA haben in einer Studie bewiesen, dass die Anzahl der negativen Gefühle, die wir mit uns herumtragen, unverhältnismäßig hoch ist. 91,4 Prozent der Sorgen, die uns täglich beschäftigen, sind demnach völlig sinnlos, da die Probleme dazu niemals eintreten.[7]

Vielleicht kann auch diese Erkenntnis ein motivierender Grund sein, das Negative nicht zu stark anzunehmen und wirken zu lassen und sich zu erlauben, auch das Gute im Leben zu betrachten. Einen Versuch wäre es auf alle Fälle wert.

Professor Psycho

Der Optimismus und die Gesundheit

Eine Zusammenfassung vieler Studien zum Thema Optimismus und Gesundheit „Optimism and Physical Health: A Meta-analytic Review" kam zu einem hochinteressanten Ergebnis. Optimismus stellt klar einen Faktor zur positiven Entwicklung der Gesundheit dar. Personen, die optimistisch in den Heilungsprozess ihrer Krankheit blicken, nehmen öfter an Behandlungen teil und steigern sich nicht sinnlos in ihre Symptome hinein.[8]

Zusammenfassend möchte ich ganz optimistisch festhalten: Wer sich selbst ständig mit negativen Gedanken ertappt, kann sich im alltäglichen Leben ganz aktiv auch immer wieder auf die positiven Dinge konzentrieren. Wer nur mit der rosaroten Brille in einer heilen Welt herumläuft, der sollte auch mal immer wieder die Realität anerkennen, dass nicht alles schön sein kann. Es geht um das Gleichgewicht zwischen Optimismus und Pessimismus, aus Gut und Schlecht, aus Plus und Minus. Aus dem schlechten Wetter, der kleinen Verletzung oder auch dem versalzenen Essen nicht unbedingt ein episches Drama werden zu lassen, allerdings ein wahres Problem auch nicht zu verleugnen und wegzudenken.

Für deine mentale Stärke kann dies unglaublich wirksam sein, und in beiden Fällen eine positive Lebenseinstellung darstellen, denn das Positive ist der gewünschte Zielzustand. Sehr hilfreich für mich zum Umsetzen dieses Themas ist es, seltener die Frage „Warum ist etwas passiert?" zu stellen. Dieser Rückblick kann oft schwierig zu beantworten sein und bringt uns auch in eine negative Grübelspirale. Allerdings blicken wir mit den Fragen „Wozu ist mir das passiert?" oder „Was könnte Gutes draus werden?" optimistischer nach vorne und motivieren uns leichter, das Beste aus Ereignissen zu machen, die man ohnehin nicht mehr ändern kann.

Was ist das Bruttonationalglück?

Bist du wirklich glücklich im Leben? Kannst du genau beschreiben, was das Glück für dich bedeutet? Bevor ich dir das Geheimnis des Lebensglücks verraten möchte, darf ich dir den Begriff des sogenannten Bruttonationalglücks näherbringen.

Viele Länder dieser Welt kümmern sich um den Staatshaushalt, um den Finanzausgleich, um wirtschaftliche Prognosen und das Bruttonationalprodukt. Spiegeln die finanziellen Umstände eines Landes allerdings auch das echte Glück der Bevölkerung wider? Werfen wir einen Blick in ein Land, in dem statt Geld das Wohlergehen der Bevölkerung und der Umwelt im Mittelpunkt steht.

Bereits ab dem Jahr 1629 wurde das Glück der Bevölkerung von Bhutan als absolutes Ziel des Landes festgehalten. Der dazu passende Messwert bezeichnet sich dort mittlerweile als Bruttonationalglück. „Wenn die Regierung kein Glück für ihr Volk schaffen kann, dann gibt es keinen Grund für die Existenz der Regierung"[9], lautete schon damals, im 17. Jahrhundert, ein Satz in der Verfassung Bhutans. Heute ist im Artikel 9 der demokratischen Verfassung das Glück fest verankert und ein wichtiger Bestandteil des Königreiches. Übersetzt lautet es so: „Der Staat wird sich bemühen, die Bedingungen zu fördern, die das Streben nach Glück ermöglichen."[10] Näher beschrieben wird das Bruttonationalglück als ein Zustand, der ein „harmonisches Gleichgewicht zwischen materiellem Wohlbefinden und den spirituellen, emotionalen und kulturellen Bedürfnissen der Gesellschaft erreichen soll"[11]. Die Schlüsselwörter sind ganz klar: „harmonisches Gleichgewicht". Damit gemeint ist das In-Einklang-Bringen der Bedürfnisse des Körpers und des Geistes.

Der sogenannte „Happiness-Index" stellt einen ganzheitlichen Ansatz zur Messung des Glücks, des positiven Denkens und auch des Wohlbefindens der bhutanischen Bevölkerung dar. Die Wichtigkeit und die reale Umsetzung des Bruttonationalglücks haben sich im Laufe der letzten Jahre durch die weltweite Aufmerksamkeit zudem noch mehr erhöht. Das Ziel des Bruttonationalglücks ist es, jegliche Lebensumstände der Einwohner zu verbessern, um möglichst viele Menschen im Land noch glücklicher zu machen. Mittlerweile wurden sogar eine eigene Radiosendung und eine Facebook-Seite namens „Mind Over Matter Bhutan"[12] dazu ins Leben gerufen. „Mind over Matter" steht für den englischen Ausdruck „Alles reine Kopfsache", „Du bist, was du denkst" oder auch „Der Geist herrscht über die Materie".

Dr. Ha Vinh Tho hatte viele Jahre ein auf der Welt wohl einmaliges Amt inne. Er war „Glücksminister" von Bhutan. Wenn es darum geht, glücklich zu werden: Wie lautet dann für den ehemaligen Glücksminister die Zauberformel zum persönlichen Glück? Für ihn sind es vor allem zwei Faktoren, die unser individuelles Glück besonders stärken. Faktor Nr. 1 ist der Zusammenhang zwischen Glück und qualitativ hochwertigen menschlichen Beziehungen. Das bedeutet, dass Menschen, die gesunde persönliche Beziehungen pflegen, laut einer Harvard-Studie sogar nachweislich länger und gesünder leben und eben auch eine positive Denkweise pflegen. Wichtig ist, dass man sich gut eingebettet fühlt in das Umfeld von Familie und Freunden – das stärkt das Glücksgefühl.

Faktor Nr. 2 stellt laut Dr. Ha Vinh Tho die Selbstverwirklichung im privaten und beruflichen Alltag dar: „Wer langfristig nicht ausschließlich das macht, was er liebt, landet in einer Sackgasse. Was bringt einem dann ein großes Auto und eine fette Villa?"[13] Jeder Mensch sollte für sich herausfinden, was für ihn wichtig ist, um Prioritäten zu setzen und Entscheidungen zu treffen.

Ein zusätzlicher Glücksfaktor ist für mich die persönliche Beziehung zur Natur. Wer die Verbindung zur Natur für sich verliert, der leidet geistig und körperlich. Das „Natur-Defizit-Syndrom ist sogar ein erforschtes Krankheitsbild. Besonders im Westen entfremden sich Menschen von der Natur und zerstören ihren Lebensraum."[14] Wie schön dies doch wieder zum glücklichen Leben von Frau Anni passt, die in der Salzburger Natur ihre positive Lebenseinstellung gefunden hat.

Welche weiteren Faktoren aus meiner Sicht noch für ein wirklich gutes Gefühl von Lebensglück notwendig sind, möchte ich dir in diesem Kapitel noch näher beschreiben. Das Gemeinschaftsgefühl als Faktor Nr. 1 des Glücksministers kann auch am Beispiel der nordischen Staaten gut belegt werden. Beispielsweise in Island, Finnland oder auch Norwegen ist es die Hälfte des Jahres Tag und Nacht eher dunkel und kalt. Und jetzt halte dich fest: Auf der weltweiten Glücksskala sind die Isländer, Finnländer und Norweger trotzdem ganz vorne mit dabei. Kann das an der wunderschönen Landschaft, an der herausragenden geografischen Lage und auch am Nationalstolz auf Geschichte, Kultur und Sprache liegen? Laut Forschung: nein! Es liegt an den menschlichen Beziehungen. Viele leben dort wie in einer großen Familie und erleben im Alltag ein starkes Gefühl von Gemeinschaft und Zugehörigkeit. Zudem sind Menschen in kälteren Klimazonen glücklicher als Menschen in warmen Klimazonen. Dieses Phänomen nennt sich „Get Along Or Die"-Theorie.[15] Das bedeutet, dass in warmen Klimazonen das Überleben sehr leicht ist, denn die Früchte fallen den Menschen direkt vom Baum in den Mund. Man braucht sich also nicht besonders anzustrengen, um zu überleben. In kälteren Regionen müssen die Menschen zusammenarbeiten, ganz nach dem Motto „Get along or die" – „Komm damit zurecht oder stirb". Vor allem die durch die Kälte entstehenden harten Lebensbedingungen führen zu einer auffallend hilfsbereiten Zusammenarbeit und Gemeinschaft.

Im World-Happiness-Report[16] findest du die 50 glücklichsten Länder der Welt, und ich denke, wir können uns glücklich schätzen, hier in Österreich unter den Top-Ten dabei zu sein.

Der positive Tagesstart

„Morgenstund hat Gold im Mund" ist wohl der Lieblingsspruch aller Frühaufsteher. Ich möchte ihn gerne umdichten in: „Dein Tagesstart hat Gold im Mund." Ganz egal, wann du aufstehst, es geht um eine sinnvolle Morgenroutine, die dir einen positiven Tagesstart bescheren soll. Völlig unabhängig davon, ob du ein Frühaufsteher bist oder eine Nachteule – eine gut geplante Routine beim Munterwerden hat Einfluss auf dein Wohlgefühl in den restlichen Stunden des Tages.

Wer seine Stimmung schon am Morgen positiv beeinflusst, der bildet eine angenehme Basis, dass diese auch auf den Tag übergeht. Bist du in der Früh bereits frustriert, gestresst und genervt, dann stehen die Chancen gut, dass dies im Laufe des Tages schlimmer wird.

Gestaltest du nach deinem Aufstehen eine Morgenroutine, die dir Spaß macht, die dein fröhliches Gemüt hervorhebt und die dich den Tag aussichtsreich starten lässt, dann unterstützt das dein positives Mindset. Eine Morgenroutine sollte bewusst gestaltet sein, so gut es geht täglich umgesetzt werden und auch über einen längeren Zeitraum hinweg zu deinem Leben gehören. Zehn Minuten in der Früh können schon völlig ausreichen, um dich hier günstig zu beeinflussen. Jedem ist die Gestaltung seiner Routine selbst überlassen, ich kann dir hier nur eine Möglichkeit aufzeigen, mit welchen Ideen es zum Beispiel funktionieren könnte, eine gelungene Morgenroutine aufzustellen.

„Kurz, bündig und positiv bleiben!"
Nicole Schmidhofer

Stell dir täglich den Wecker zehn Minuten früher, um in der Früh mehr Ruhe zu haben und nicht in die morgendliche Stressfalle zu geraten. Das kann dich darin unterstützen, schon mehr Gelassenheit für den Tag mitzubringen und dein positives Denken zu fördern.

Höre zum Aufstehen Musik, die dich fröhlich macht. Musik, die dich mitsingen oder mitsummen lässt. Vielleicht ist auch der Text inspirierend und löst einen noch fröhlicheren Tagesstart bei dir aus.

Blicke in der Früh schon auf die drei wichtigsten positiven Momente, die heute auf dich zukommen, und plane kurz, wie du dir ihren Ablauf vorstellst.

Deiner Kreativität sind keine Grenzen gesetzt. Alles, was dich in eine freudestrahlende und leichtlebige Stimmung versetzt, kann in deine Morgenroutine perfekt eingebaut werden. Nimm dir vielleicht ein paar Tage Zeit, dich zu beobachten, was dir wirklich guttut. Hast du deine Routine einmal gefunden, dann bist du einer der Glücklichen, die damit in der Früh schon beginnen können, ihre positive Denkhaltung für den Tag zu festigen.

Spazierengehen am Morgen verbessert übrigens nachweislich unsere Stimmung. Oft sind es die einfachen und unkompli-

Fröhliches Aufstehen

zierten Tätigkeiten, die uns extrem guttun. „Gehen kann auch eine Art Impfung gegen Depression sein"[17], betont Shane O'Mara, Professor für experimentelle Neurowissenschaft, in seinem Buch „Das Glück des Gehens". „Der Mensch ist für die Bewegung gemacht – und das Hirn dazu da, das Problem, in der Welt herumzukommen, zu lösen. Schon wenn Sie stehen, sind mehr Teile des Körpers und Kopfes aktiv, als wenn Sie sitzen. Wenn Sie sich bewegen, sind Ihre Sinne geschärft, Ihr Blickfeld wird besser, Sie hören mehr. Wenn Sie an der Schwelle des Bewusstseins sind, können Ideen dann ins Bewusstsein sprudeln."[18]

Die österreichische Natur zu nutzen, um sein positives Denken zu fördern, das entspricht ganz der Vision des Tourprogramms „Mentale Stärke für Österreich".

Die drei Geheimnisse des positiven Denkens

Bist du auf der Suche nach der immer funktionierenden Formel für eine positive Lebenseinstellung? Möchtest du stets passende Möglichkeiten, die dich ganz leicht in dauerhafte Hochstimmung versetzen und dir eine pure positive Denkhaltung bescheren? „Jetzt bitte raus damit!", wirst du dir denken.

Geheimnis Nr. 1:
Positives Denken ist kein Wunsch oder Ziel. Dein positives Denken ist deine Einstellung zum Leben. Egal, was auf dich jeden Tag neu zukommt, erwarte dir jeden Tag einen schönen Tag, liebe dein Leben, feiere täglich, am Leben zu sein, erfreue dich deines

Lebens und pflege diese Einstellung, dann wirst du echtes positives Denken erleben!

Geheimnis Nr. 2:

Dem Leben einen wahren Sinn geben. Hast du schon das Buch „The Big Five for Life" von John Strelecky gelesen? Wenn ich nach meinen Lieblingsbüchern gefragt werde, dann ist das immer mit dabei. Hier geht es um den Zweck der Existenz, um den für jeden von uns individuellen Sinn des Daseins. Und der Autor stellt die Frage, wie du, am Sterbebett liegend, dein Leben rückwirkend betrachten möchtest. Möchtest du stolz auf alle erlebten Momente zurückblicken oder soll dein Gedanke sein: „Schade, dass ich das alles nicht erlebt habe!" „The Big Five for Life" steht für eine Liste der wichtigsten Dinge, die man im Leben getan haben möchte, um damit auch den Sinn seines Lebens gefunden und gelebt zu haben. Umfassende Forschungen haben gezeigt, dass spezielle Aspekte für den Sinn im Leben stehen und somit dein positives Denken stärken. Beispielsweise unterstützen dich ausgeglichene Beziehungen mit Liebe und Freundschaft dabei, den Sinn des Lebens zu erkennen.

Denn je stärker du das Gefühl hast, dass du deinen eigenen Werten gerecht werden kannst, desto höher ist deine positive Lebenswahrnehmung. Übrigens, an dieser Stelle eine wichtige Frage: Was sind deine Werte? Ich habe mir vor einiger Zeit in einem Urlaub beim Wandern in den Bergen die gleiche Frage gestellt – und, ganz ehrlich, ich konnte sie mir auf Anhieb nicht voll und ganz beantworten. Folgende Mentalübung soll dir helfen, rasch eine sinnvolle Antwort für dich zu bekommen.

Mentalübung

Wie findest du deine persönlichen Werte? Die Wahrheit ist: gar nicht. Du findest sie nicht, du wählst sie und fängst an, danach zu leben. Wähle jetzt aus der folgenden Liste aller möglichen Werte bis zu fünf Werte aus, für die du stehen willst. Welche Werte passen am besten zu dir und zu deinem Leben, deinen Wünschen und Zielen? Nachdem du dich für fünf Werte entschieden hast, notiere dir diese Auswahl und handle ab heute danach in all deinen Entscheidungen. Persönliche Werte werden dich in Situationen der Unsicherheit unterstützen, denn die einzige Frage zukünftig darf bei Zweifeln lauten: Welche Lösung entspricht meinen Werten?

Abenteuer
Achtsamkeit
Agilität
Aktivität
Aktualität
Akzeptanz
Altruismus
Andersartigkeit
Anerkennung

Anmut
Ansehen
Anstand
Ästhetik
Aufgeschlossenheit
Aufmerksamkeit
Ausgeglichenheit
Ausgewogenheit
Authentizität

Begeisterung
Beharrlichkeit
Bescheidenheit
Besonnenheit
Dankbarkeit
Demut
Disziplin
Effektivität
Effizienz

Die drei Geheimnisse des positiven Denkens

Ehrlichkeit	Intuition	sensibel
Empathie	Klugheit	Seriosität
Entscheidungsfreude	konsequent	Sicherheit
Fairness	konservativ	Solidarität
Fleiß	Kontrolle	Sorgfalt
Flexibilität	Kreativität	Sparsamkeit
Fantasie	Leidenschaft	Spaß
Freiheit	Leichtigkeit	Standfestigkeit
Freude	Liebenswürdigkeit	Sympathie
Freundlichkeit	Loyalität	Tapferkeit
Frieden	Mitgefühl	Teamgeist
Fröhlichkeit	motivierend	teilen
Fürsorglichkeit	Mut	Toleranz
Geduld	Nachhaltigkeit	traditionell
Gelassenheit	Nächstenliebe	Transparenz
Gemütlichkeit	Neutralität	Treue
Gerechtigkeit	Offenheit	Tüchtigkeit
Gesundheit	Optimismus	Unabhängigkeit
Glaubwürdigkeit	Ordnungssinn	Unbestechlichkeit
Großzügigkeit	Pflichtgefühl	Verantwortung
Güte	pragmatisch	Verlässlichkeit
Harmonie	Präsenz	Vertrauen
Herzlichkeit	Präzision	verzeihen
Hilfsbereitschaft	Professionalität	Wachsamkeit
Hingabe	Pünktlichkeit	Weisheit
hoffnungsvoll	Realismus	Weitsicht
Höflichkeit	Redlichkeit	Willenskraft
Humor	Respekt	Würde
Idealismus	Rücksichtnahme	Zielstrebigkeit
Innovation	Ruhe	Zuneigung
inspirierend	Sanftmut	Zuverlässigkeit
Integrität	Sauberkeit	Zuversicht
intelligent	Selbstdisziplin	
Interesse	Selbstvertrauen	

Lebst du also ein Leben mit Werten und versuchst Entscheidungen, Ziele und auch Wünsche auf deine Werte abzustimmen, dann kommst du dem Sinn des Lebens und somit auch dem positiven Denken automatisch einen Schritt näher. Wissenschaftliche Untersuchungen zeigen, dass vor allem Werte wie Vertrauen zu anderen sowie Respekt und Mitgefühl verstärkt zum positiven Lebensgefühl beitragen können.

Geheimnis Nr. 3:
Das ist die Intensität deiner mentalen Stärke und das Einsetzen der damit verbundenen Fähigkeiten in deinem beruflichen und privaten Alltag. Mit sich selbst im Reinen zu sein und bei sich selbst Entwicklung und Wachstum zu fördern, das bedeutet auch, ein positives Leben zu verspüren. Das Gefühl, Kontrolle, Zufriedenheit und Dankbarkeit über das eigene Leben zu haben, ist eng mit dem Entstehen und Bewahren von positivem Denken verbunden.

Optimistische, glückliche Menschen ...

...haben ein stärkeres Immunsystem
...sind resilienter bei psychischen Belastungen
...haben ein gesteigertes Selbstbewusstsein
...haben ein geringeres Stressempfinden
...führen ein längeres Leben
...zeigen sich hilfsbereiter
...verspüren mehr Lebensfreude
...empfinden weniger Schmerzen
...haben längere und bessere Partnerschaften
...sind zufriedener im Beruf
...sind produktiver und erfolgreicher

Die Selbsterfüllende Prophezeiung

Franziska freut sich nach langer Zeit des Lockdowns endlich wieder einmal darauf, auf eine Geburtstagsfeier gehen zu können. Ihre beste Freundin hat eine kleine Runde interessanter Menschen aus dem Ort eingeladen. Franziska glaubt an einen superlustigen Abend. Angelika kommt auch zur Geburtstagsfeier, aber hat das Gefühl, dass sie sich auf der Feier nicht so richtig wohlfühlen wird. Wer wird wohl diesen Abend mehr genießen? Franziska oder Angelika? Geht es nach der selbsterfüllenden Prophezeiung, dann beeinflusst die Erwartungshaltung der beiden Frauen, wie sie sich auf der Feier später verhalten werden, und dies wiederum hat eine Auswirkung auf die Gäste und auch auf deren Verhalten. Somit könnte alleine die Erwartungshaltung vor diesem einen Abend maßgeblich dazu beitragen, wie sich die Feier entwickelt und wie sich die Menschen dort verhalten.

Oder aber, falls wir nach dem morgendlichen Aufstehen glauben, dass heute ein schlechter Tag sein wird, wir steuern dann unsere Handlungen den ganzen Tag so, dass dieser Glaubenssatz auch eintritt. Oft fallen uns solche selbsterfüllenden Prophezeiungen gar nicht auf, und wir handeln unbewusst in die vorhergesagte Richtung.

Was ist nun diese gedachte Wirklichkeit, auch als „Self-Fulfilling Prophecy" bezeichnet. Der Soziologe Robert Merton prägte 1948 diesen Begriff. Er beschrieb, wie unser Glaube an Ergebnisse diese auch durch unsere Taten beeinflusst. Das funktioniert, weil Personen, die an diese Art Vorhersagen glauben, sich dann in vielen Einzelheiten auch so verhalten, dass sich die Vorhersage dann auch erfüllt. Das Ergebnis, das wir erwarten, ist wahrscheinlicher. Übrigens: Auch Optimismus und Pessimismus finden sich in der Familie dieser Prophezeiungen wieder. Es spiegelt ganz deine Entscheidung wider, mit welcher Einstellung du in eine Aufgabe hineingehst. Bist du optimistisch, wirkt die Self-Fulfilling Prophecy ganz von selbst mit. Bist du pessimistisch, hilfst du unbewusst mit, dass es wirklich schwierig wird. Diese dann im Negativen selbstzerstörende Prophezeiung oder auch „Self-Destroying Prophecy" genannt, steht für das exakte Gegenteil. Man verhält sich bewusst oder auch unbewusst so, dass die Vorhersage nicht in Erfüllung gehen kann.

Beispiele aus dem Alltag für selbsterfüllende Vorhersagen sind beispielsweise Placebos, also Tabletten ohne Wirkstoff. Diese werden in der Medizin sehr gerne und erfolgreich eingesetzt, um bei Patienten auch Wirkungen zu erzielen. Lösen Placebos Verbesserungen eines Krankheitszustandes aus, dann bezeichnet man das als den Placebo-Effekt. Der Glaube an Tabletten kann ausreichen, damit körpereigene Heilungsprozesse aktiviert werden. Und das ist mittlerweile medizinisch anerkannt, bewiesen und vielfach untersucht. Placebo-Tabletten bestehen aus harmlosen Inhaltsstoffen wie Stärke und Milchzucker. Placebos gibt es allerdings auch als Spritzen, Salben, einfachen, eindringliche Worten oder sogar als nachgestellten chirurgischen Eingriff. Damit der Placebo-Effekt zu tragen kommt, muss der Patient die starke Erwartung haben, dass mit ihm etwas Heilendes geschieht. Studienergebnisse des Universitätsklinikums Hamburg haben gezeigt, „dass Placebo-Schmerzmittel die Schmerzverarbeitung im Gehirn verändern. Auf Kernspintomographie-Bildern kann man den Placebo-Effekt sogar sichtbar machen."[19] Mittlerweile, sagt die Placebo-Forschung, wird den Patienten sogar offen kommuniziert, dass sie Scheinmedikamente erhalten – und auch dann wirken sie nachweislich trotzdem.

Die Gewohnheit der Gewohnheit

Dein Gehirn ist ein wahres Wunder der Natur. Jeden Tag managt es rund 30.000 bis 60.000 Gedanken. Ein sehr kleiner Teil davon, rund drei Prozent, sind positive, optimistische Gedanken. Beachtliche 25 Prozent hingegen sind negative Gedanken. Der große Rest von 72 Prozent besteht aus eher unbedeutenden oder auch neutralen Gedanken. Ziel deiner mentalen Arbeit kann also nur sein, die Anzahl der positiven Gedanken zu erhöhen und die der negativen zu verringern. Negative Denkmuster durch positive zu ersetzen lautet die Technik dahinter. Ein Beispiel aus dem Skisport kann das sehr gut verdeutlichen: Verliert ein Sportler ein Rennen, in dem er Letzter wurde, kann er danach sagen: „Ich bin ein schlechter Skifahrer." Dieses negative Mindset könnte er jetzt selbst verändern, indem er einen optimistischeren Erklärungsstil verwendet und sich denkt: „Ich habe mich nicht optimal vorbereitet, aber werde diese Woche wieder so ehrgeizig trainieren, dass ich nächstes Wochenende mein Bestes zeigen kann!"

Denken wir über uns schlecht, dann zählt das auch zur persönlichen Denkweise. Dieses Mindset wird aufgebaut auf Gewohnheiten, die unser Leben bestimmen. Im Stillen navigieren uns diese Gewohnheiten durch unseren Alltag. Zum Beispiel das, was wir mögen und nicht mögen, oder auch die Art, wie wir auf Erfolg und Misserfolg reagieren, wird von unseren Gewohnheiten gesteuert. Bis zu 50 Prozent deines Handelns werden durch diese Automatismen festgelegt. Hätten wir sie nicht, dann wäre unser Gehirn vollkommen überfordert mit viel zu vielen Entscheidungen. Wir sparen durch unsere Gewohnheiten Energie, wir erleichtern unseren Alltag, und wir stabilisieren so unser

Leben, damit wir uns wohlfühlen. Denn auch wenn wir negativ denken, fühlen wir uns wohl, wenn es eine Gewohnheit ist – unser Gehirn unterscheidet zudem auch nicht zwischen Gut und Schlecht.

Möchten wir unsere Gewohnheiten verändern, dann gleicht das einem Großprojekt, das ziemlich anstrengend sein kann. Eine sehr effiziente Methode ist das „Growth-Mindset". Das steht für ein sogenanntes „Wachstumsdenken" und sieht Misserfolg und Scheitern als einen wichtigen Grund zur Weiterentwicklung unserer Fähigkeiten. Fehler sind, wenn wir diese innere Einstellung pflegen, dazu da, um Veränderungen zu akzeptieren, Unbekanntes anzunehmen und auch Neues zu probieren.

Mentalübung

5 MIN

Damit du erkennen kannst, ob du Potenzial zum Growth-Mindset in dir hast, erinnere dich an Herausforderungen der letzten Zeit. Hast du sie konstruktiv angenommen mit einer positiven Einstellung oder sie schon im Vorfeld zum Scheitern abgestempelt? Hast du versucht, sinnvolle Lösungen zu finden, oder hast du frustriert aufgegeben?

Damit du dein Growth-Mindset stärken kannst, sind ein paar kleine Denkgewohnheiten zu verändern. Wenn du zum Beispiel denkst „Mach bitte ja keinen Fehler!", dann stoppst du sofort diese Gedanken und änderst sie bewusst in: „Ich schaffe das genau so, wie ich es mir vorstelle!" Frage dich in vielen Momenten des Tages, ob du denn aktuell positiv oder negativ denkst. Erwischst du dich mit negativen Gedanken, dann tausche diese einfach durch gute aus. Gewohnheiten zu verändern erfordert auf alle Fälle eine Portion Geduld und einen spürbaren Willen. Hast du es dann einmal geschafft, dann besitzt du eine neue Gewohnheit, die ebenfalls nicht ganz einfach zu ändern sein wird. Dein Gehirn macht dies möglich, da es bis ins hohe Alter sehr formbar und flexibel ist – wie ein Muskel, den man trainiert und formt.

Das Positiv-Denken-Setup

Auch dein Training des positiven Denkens hat, wie die anderen Elemente der mentalen Stärke auch, ein passendes Setup. Selbst bei einem positiven Menschen kann das Stimulieren einer optimistischen Sichtweise mit guten Zukunftsvisionen für viele private und berufliche Wettkämpfe mit Sicherheit helfen. Ich möchte dir hier die dir schon aus den anderen Kapiteln bekannten Bausteine im Überblick anführen. Die Tools des Positiv-Denken-Setups bestehen aus folgenden Einzelheiten:

Tool 1 ist wieder die passende Musik, die dich diesmal in eine fröhliche, gut gelaunte Stimmung bringen soll. Musikwissenschaftler zeigten in einer Studie, dass fröhliche Musik die Entwicklung kreativer Ideen sowie ungewöhnlicher Lösungsvorschläge unterstützt. Gute-Laune-Musik soll dich also dabei unterstützen, dass du eine kreative, positive Sichtweise für deine negativen Gedanken entwickeln kannst. Der Komponist Philipp Schinwald hat mit mir eine faszinierend positive Musik für deine Übung entwickelt. Dazu hilft die Dur-Tonart mit einem fröhlichen Klangbild.

Als Tool 2 finden wir die Visualisierung. Über diese Technik hast du ja schon vieles gelesen und ausprobiert in diesem Buch. Passend zur freudvollen Lebenseinstellung hat sich gezeigt, dass die richtigen inneren Bilder den Optimismus und die Hoffnung der Menschen stark steigern können.

Tool 3 umfasst die Methode der Affirmation. Was wir als positiv im Kopf haben, können wir dann auch durch dazu passende und vorbereitete Gedankensätze verstärken. Das passende Selbstgesprächsmanagement bildet vor allem beim positiven Denken eine wichtige Grundlage.

Zusammenfassend sind dies nun die drei Tools deines Positiv-Denken-Setups:

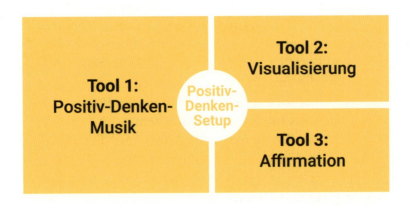

Das Positiv-Denken-Programm

Aus dem Positiv-Denken-Setup bilden sich wiederum der Inhalt und der Ablauf deines Mitmachprogramms. Wie in den anderen Kapiteln auch werde ich dich wieder durch die Übung begleiten. Zum Start lade dir bitte wieder auf „Digital Mental" die passende MP3-Datei auf dein Handy oder deinen Computer.

Bevor du startest, möchte ich dir wieder in Kurzfassung beschreiben, was genau zu tun ist. Wenn du mit dem Programm beginnst, versuche bitte, den Ablauf mit geschlossenen Augen durchzuführen.

Die erste Minute beginnt mit einer Visualisierungsübung. Stell dir so lebendig wie möglich die eine oder andere Situation des heutigen Tages vor, in der du nicht positiv gedacht hast. Wo warst du eher negativ eingestellt? Wobei hast du dich ertappt? Versuche diesen einen oder mehrere Momente nochmals zu visualisieren und dir das Gefühl, das du dabei hattest, vorzustellen. Zum Beispiel könnte ein solcher Moment zeigen, wie du dich vor einem Kundengespräch siehst und dir dabei denkst, wie schwierig der Kunde sein wird, weil er das ja immer ist. Dabei reicht ein kurzes Bewusstwerden aus, dass man negativ gedacht hat. Gleich nach diesem kurzen Ablauf beginnst du sofort, diese schlechten Gedanken mental umzuformen.

Hierfür soll dich die progressive Muskelentspannung unterstützen. Führe folgenden Ablauf für rund eine Minute immer wieder durch: Spanne einzelne Muskeln deines Körpers für ein paar Sekunden an und stell dir dabei vor, die Anspannung steht für negative Gedanken. Nach drei bis fünf Sekunden Anspannung lässt du die Muskeln wieder ruckartig locker. Stell dir bitte dabei vor, wie dieses Lockerlassen für positives Denken und Optimismus steht. Wiederhole dieses Anspannen und Entspannen der Muskulatur einige Male. Du kannst deine Muskelgruppen einzeln von Kopf bis Fuß durchgehen. Spanne beispielsweise deine Oberarme an, halte die Spannung und lass sie nach ein paar Sekunden wieder abrupt los. Dann könntest du das Gleiche beispielsweise mit Unterarmen, Fäusten, Schultern, Bauch, Oberschenkel, Unterschenkel, Zehen, Gesäß und vielen weiteren Bereichen deines Körpers, die man anspannen und entspannen kann, durchführen.

Die progressive Muskelentspannung entwickelte der amerikanische Arzt Edmund Jacobson. Hintergrund dieser Entwicklung war die Tatsache, dass Stress zu einer Anspannung der Muskulatur führt und dass eine Lockerung der Muskulatur ein Ruhegefühl bewirkt. Durch das Anspannen der Muskeln und die darauffolgende Konzentration auf die Entspannung lockert man seinen Körper und beruhigt sich. Auf die Frage „Was erlebst du nach dieser Entspannung?" findet man in Untersuchungen oft die Antwort: freudvolle, optimistische und positive Energie. Genau diesen Zustand benötigst du im Mitmachprogramm, damit du in die nächste zweiminütige Visualisierung sinnvoll starten kannst.

Male dir jetzt gedanklich aus, wie du die Situationen von Minute 1 noch einmal erlebst, allerdings wie du rein positiv dabei denkst. Stell dir vor, wie du nun optimistisch handelst. Was würdest du anders machen durch das positive Denken, wie würde sich die Situation anders anfühlen? Zum Beispiel könntest du hier diesen Moment vor dem Kundengespräch wieder heranziehen und die Bilder dazu im Kopf entstehen lassen, wie es diesmal anders sein wird. Der Kunde wird großes Interesse zeigen und nicht so schwierig sein wie üblicherweise. Du kannst dich schon jetzt sehen, wie du mit einer positiven Grundeinstellung startklar für das Gespräch bist. Lass dies wie einen Film ablaufen.

Nach diesen zwei Minuten folgen nun noch die selbstbestätigenden Affirmationen. Wiederhole Sätze wie „Ich denke positiv", „Ich glaube an ein gutes Ergebnis" oder „Ich bin optimistisch" immer wieder gedanklich hintereinander. Falls zu deinen Momenten andere, bessere Sätze passen, dann tausche sie einfach mit deinen aus. Ich liefere das Gerüst, du bestimmst den Inhalt. Glaubenssätze, die man sich im richtigen Moment wiederholt vorsagt, bestätigen und verstärken die aktuell vorherrschenden positiven Gefühle.

Die lockere positive Musik, die du im Hintergrund hören wirst, hilft dir relativ schnell, in diese gute Stimmung zu gelangen.

Zusammenfassend kann ich sagen, dass man sich zuerst in Visualisierung 1 bewusst macht, worin man negativ denkt. Dann entspannt man sich und bildet ein gutes Fundament für Lockerheit, um dann die Lösungsmöglichkeiten und das neue positive Verhalten zu visualisieren. Die Affirmationen festigen diesen Ablauf zum Schluss.

Für eine bildliche Darstellung dieses Programms gibt es auf der nächsten Seite wieder eine anschauliche Grafik.

Starte die Musik und schließe deine Augen

TRAININGSABLAUF

5 Minuten
1 Song

VISUALISIERUNG
Stell dir die Situationen vor, in denen du nicht positiv gedacht hast. Wo warst du eher negativ eingestellt? Versuche diese Momente nochmals zu visualisieren und dir das Gefühl, das du dabei hattest, vorzustellen.

PROGRESSIVE MUSKELENTSPANNUNG
Spanne einzelne Muskeln deines Körpers für ein paar Sekunden an und stell dir dabei vor, die Anspannung steht für negative Gedanken. Nach diesen 3-5 Sekunden lässt du die Muskeln wieder locker und stellst dir vor, wie dieses Lockerlassen für positives Denken steht. Wiederhole das einige Male.

VISUALISIERUNG
Stell dir jetzt vor, wie du die Situationen von Minute 1 nochmal erlebst, allerdings wie du rein positiv dabei denkst, optimistisch handelst und wie die Situation sich anders angefühlt hatte und was sich darauf entwickelt haben könnte.

AFFIRMATIONEN
Wiederhole Sätze wie „Ich denke positiv", „Ich glaube an ein gutes Ergebnis" oder „Ich bin optimistisch" immer wieder gedanklich hintereinander.

Die Programmempfehlungen

Negatives in positives Denken umzukehren steht für den in diesem Kapitel beschriebenen Prozess der Gewohnheitsveränderung. Da es sich im gesamten Mindset-Thema eben um deine persönliche Einstellung und deine Erwartungshaltung handelt, kannst du dich hier am leichtesten in kleinen Schritten zu einem stärkeren positiven Denken bringen.

Besonders effektiv kann das Mitmachprogramm hier an Tagen unterstützen, die besonders auffällig von hinderlichen Gedanken gezeichnet waren. Auch Tage, die besonders stressig verlaufen sind und dadurch schon alleine weniger Positives mit sich gebracht haben, können ideal für das Programm sein.

Falls du heute schon weißt, dass du morgen ein starkes positives Mindset für ein entscheidendes Treffen benötigst, kann das auch ein Grund für ein paar Minuten Übungseinheit am nächsten Tag in der Früh sein. Dies ermöglicht es, den Tagesstart noch optimistischer zu gestalten – alles für eine gute, lockere Denkweise.

HEUTE VIELE NEGATIVE GEDANKEN	HEUTE VIELE STRESS-MOMENTE	MORGEN WICHTIGE ENTSCHEIDUNGEN
Übe am Abend zuhause	Übe am Abend zuhause	Übe morgen früh beim Aufstehen

Mehr positives Denken aus meinen Mentaltipps

Tipp Nr. 1: Das optimistische Lösungsdenken

Für mehr Optimismus beginnst du regelmäßig über erfolgreiche Auswirkungen deiner Entscheidungen nachzudenken. Pessimistisches Lösungsdenken wird dich dazu bringen, an Dingen zu verzweifeln, die noch gar nicht passiert sind. Lösungsdenken gibt dir Kraft, mit Hoffnung nach vorne zu schauen.

Tipp Nr. 2: Die optimistische Kommunikation

Viele Menschen erzählen mit Leidenschaft und besonders gerne von negativen Erlebnissen aus ihrem alltäglichen Leben. Sätze wie „…und das hat wieder einmal nicht funktioniert …" hörst du sicherlich auch immer wieder. Für dein Optimismustraining verbanne negative Erzählungen so gut wie nur möglich aus deiner Kommunikation.

Tipp Nr. 3: Die optimistische Selbsterkenntnis

Ein wesentlicher Weg zum Optimismus ist eine realistische Selbsterkenntnis. Optimisten haben die Gabe, zumeist zu erkennen, was unveränderbar ist, und akzeptieren das auch. Halte dich nicht zu lange mit Tatsachen auf, die du nicht verändern kannst. Lege stattdessen gezielt deine Blicke auf Bereiche, die du selbst beeinflussen und vor allem auch genau steuern kannst.

Was du Unglaubliches über positives Denken gelesen hast!

- Positives Denken hilft uns, mit Unsicherheiten und Ängsten besser umzugehen, Probleme lösungsorientierter zu betrachten sowie mehr Resilienz, also Widerstandskraft aufzubauen.

- Haben wir wahre Probleme, gefährliche Bedrohungen oder auch unveränderliche Hindernisse, dann kann hier ein blinder Optimismus fehl am Platz sein und uns sogar schwer schaden.

- Etwas sehr Positives hat im Allgemeinen weniger Einfluss auf das Verhalten einer Person als etwas sehr Negatives.

- Optimismus stellt klar einen Faktor zur positiven Entwicklung der Gesundheit dar.

- Ein Spaziergang am Morgen verbessert übrigens nachweislich unsere Stimmung.

- Dein positives Denken ist deine Einstellung zum Leben. Egal, was auf dich jeden Tag neu zukommt, erwarte dir jeden Tag einen schönen Tag und feiere täglich, am Leben zu sein – dann wirst du echtes positives Denken erleben.

- Es spiegelt ganz deine Entscheidung wider, mit welcher Einstellung du in Aufgaben hineingehst. Bist du optimistisch, wirkt die Self-Fulfilling Prophecy ganz von selbst mit.

- Ziel deiner mentalen Arbeit kann nur sein, die Anzahl der positiven Gedanken zu erhöhen und die der negativen zu verringern.

„Dein Tagesstart hat Gold im Mund!"
Manuel Horeth

Motivation

Wie Motivation nicht sein darf

In meiner Schulzeit besuchte ich in der Oberstufe ein Internat mit Schwerpunkt auf der sportlichen Ausbildung. Die damalige HIB-Saalfelden ist bekannt für viele Absolventen im Sportbereich. In meiner Klasse gab es einen Kollegen, er hieß Daniel und war der Neffe eines damals bekannten Skirennläufers namens Leonhard Stock. Daniel war sportlich, ehrgeizig, und sein Talent zeigte sich im Laufen – da war er einer der Schnellsten. Es war ein frühsommerlicher Tag, die Sonne schien schon recht stark, die ganze Klasse hatte Sportunterricht. Diesmal trainierten wir für den Cross-Country-Lauf, dies war ein alljährlicher Laufwettkampf, an dem die ganze Schule teilnahm. Die Strecke dieses Laufes führte rund sechs Kilometer durch den Wald auf einer abgesteckten Strecke querfeldein. Im Sportunterricht liefen wir diese Strecke sehr oft, um ein gutes Gefühl für den aktuellen Leistungsstand zu bekommen. Daniel lief an jenem Tag neben mir, und ich versuchte verzweifelt, mit ihm mitzuhalten. Kennst du dieses Gefühl, irgendwo unbedingt dabei sein zu wollen, aber genau zu wissen, dass man körperlich nicht mithalten kann? So erging es mir neben Daniel. „Wieso kannst du dich motivieren, dieses Tempo dauerhaft zu halten, Daniel?", rief ich ihm während des Laufens zu – in der Hoffnung auf eine hilfreiche Antwort. Und die kam! „Du musst lächeln, Manuel, lächle einfach die ganze Zeit und denke nur an was Schönes!", erwiderte er mit einer Leichtigkeit. Das war der Tag, an dem ich während des Laufens zu lächeln begann und wirklich mit ihm mithalten konnte. Dieses einfache Denken an etwas Schönes und das Schmunzeln auf meinen Lippen dazu haben mich motiviert und mir Kraft gegeben, nicht ständig zu denken, wie anstrengend es gerade ist. Danke, Daniel, für diesen so einfachen, aber für mich so wirkungsvollen

Tipp damals.

Hilfreiche Techniken, die man im Alltag umsetzen kann, um sich zu motivieren, die kann jeder von uns gut gebrauchen.

Was wir allerdings nicht gebrauchen können, sind Motivationsredner, die uns in ihren Massenveranstaltungen den Himmel auf Erden versprechen, die uns stundenlang anschreien, die uns nur emotional fesseln. Ja, das kann schon motivierend sein, der Effekt ist ähnlich einem Virus, allerdings lässt diese Motivation sehr schnell im Alltag wieder nach, und es bleibt nur ein verblassender, fauler Geschmack von nichts über. Ich kenne diese leuchtenden Augen des Publikums, wenn ihnen der Erfolg durch Worte versprochen wurde. Aber wo sind die Techniken dazu, wo findet man die Werkzeuge, wo kann man üben, verstehen und lernen? Ja, Worte können sehr motivierend sein, aber deine Taten sind es, die dich zum Tun bringen. Lass uns die Werkzeuge nun genau betrachten, damit deine leuchtenden Augen auch langfristig glitzern und funkeln. Schauen wir uns nun den Begriff der Motivation genauer an: Welche zwei Arten von Motivation gibt es und wie kannst du deine Motivation für deine Projekte klar aufrechterhalten?

Intrinsische vs. extrinsische Motivation

Der Begriff Motivation kommt aus dem lateinischen Wort „movere" und heißt auf Deutsch bewegen, antreiben. Es geht in der Motivation immer darum, was uns Menschen zum Handeln bewegt, was uns antreibt. Bei der Motivation geht es um die Frage, was einen Menschen zu einem bestimmten Verhalten bewegt. Werden wir von inneren Gründen motiviert oder von äußeren

Motiven? Beides ist der Fall und findet sich in der intrinsischen und in der extrinsischen Motivation wieder. Stellen wir einander diese zwei Seiten gegenüber und beginnen wir bei der intrinsischen. Sie entsteht in Tätigkeiten, in denen wir nicht auf die Folgen blicken, sondern wegen der Tätigkeit selbst motiviert sind. Die Ausübung an sich bereitet große Freude, ich zeige Interesse an der Betätigung und erkenne einen Sinn darin. Wer sich damit selbst verwirklichen kann und Spaß empfindet, der hat sich intrinsisch motiviert.

INTRINSISCHE MOTIVATION Persönliche Verwirklichung, Erkennen von Sinn, „ICH WILL"	**EXTRINSISCHE MOTIVATION** Erwartung von Belohnung, Einwirkung von außen, „ICH MUSS"

Extrinsische Motivation herrscht vor, wenn wir der Folgen wegen eine Tätigkeit ausführen. Wir erfreuen uns einer Beschäftigung nicht um ihrer selbst willen, sondern erwarteten beispielsweise finanzielle Anreize oder Belohnungen, wie etwa Lob und Anerkennung von Freunden oder von der Familie. Wir werden von außen motiviert. Auch das Vermeiden von Konsequenzen, beispielsweise „wenn ich etwas nicht mache", fällt in diese Motivationskategorie. Erreiche ich ein Ziel nicht, dann drohen mir negative Auswirkungen – das kann mich auch motivieren. Angst, etwas zu verlieren, ist ein großer extrinsischer Motivationsfaktor.

Schauen wir uns den Unterschied von intrinsischen und extrinsischen Faktoren an einem einfachen Beispiel an.

Thomas ist ein begnadeter Musiker, er liebt das Klavier, hat großen Spaß am Musizieren und beginnt ein Studium am Mozarteum in Salzburg. Er ist intrinsisch motiviert, dies ist seine Passion, und er verwirklicht damit seinen Traum. Im Laufe des Studiums wird Thomas sehr stark gefördert und bemerkt, dass man als Profimusiker gutes Geld verdienen kann. Diese extrinsische Motivation veranlasst ihn, noch tiefer ins Studium einzutauchen, da er unbedingt zu den Besten gehören möchte, um einerseits Lob von seinem Vater zu bekommen, aber auch durch die Leistungen im Studium später mehr Honorar verlangen zu können.

So kann eine Tätigkeit durchaus intrinsisch beginnen, dann allerdings wegen neuer Einflüsse aus extrinsischen Gründen weitergeführt werden. Oder auch umgekehrt.

Der Roger-Bannister-Effekt

Roger Bannister war der erste Mensch, der es schaffte, in vier Minuten eine Meile zu laufen. Er zeigte allen, wie man das Unmögliche möglich machen kann. Die Barriere, eine Meile unter vier Minuten zu schaffen, war bis 1954 der heilige Gral der athletischen Leistung. Bis Roger Bannister kam.

Es ist faszinierend, im Nachhinein über den Druck zu lesen, den die Sportler hatten, über den Medienwirbel und die Zuschauermassen, als die Läufer versucht haben, diese Marke zu brechen. Sogar Mediziner nahmen an, dass der Körper bei dieser Leistung unter dem Druck kollabieren müsse. Die Experten meinten dazu, der Rekord könne nur bei perfektem Wetter und bei Windstille aufgestellt werden. Aber Roger Bannister tat es an einem kalten Tag und auf einer nassen Strecke in Oxford. Als er es geschafft hatte, in vier Minuten diese Meile zu rennen, atmeten sogar seine größten Rivalen auf. Es herrschte große Erleichterung. Und sobald sie sahen, dass es möglich war, haben sie es ebenfalls geschafft. Nur Tage später lief ein australischer Läufer die Meile in nur drei Minuten und 58 Sekunden. Dann, nur ein Jahr später, schafften diese Zeit sogar drei Läufer in einem einzigen Rennen. Im letzten halben Jahrhundert haben mehr als tausend Läufer, sogar Schüler, den einstigen Rekord von Roger Bannister locker gebrochen.

Heute geht es jedoch nicht um diese herausragende Leistung im Laufsport, sondern es geht um die Motivation und um die Einstellung hinter dieser Geschichte. Wenn für alle etwas als unmöglich gilt und dann einer zeigt, dass es doch geht, machen es alle anderen einfach nach. Das nennt man den Roger-Bannister-Effekt. Ein Motivator ändert das Gesetz des Unmöglichen, und das, was als nicht erreichbar angenommen wurde, wird plötzlich auch für andere möglich. Hintergrund bei Bannister und in allen anderen dieser Fälle ist die Imaginationsfähigkeit – weil es die anderen gesehen haben, dass es geht, und es sich dann plötzlich real vorgestellt haben. Die Läufer der Vergangenheit waren von einer allgemeinen Denkweise, einem Mindset, zurückgehalten worden, dass sie die vierminütige Meile nicht übertreffen konnten. Als diese Grenze gebrochen war, gab es Motivation genug, dem Vorbild Roger Bannister zu folgen.

Mit anderen Worten: Hinter einem der größten Motivationsgründe, etwas zu erreichen, steht die Vorstellungskraft – die innere Überzeugung, dass man es erreichen kann. Es sind einerseits die Vorbilder, die motivieren, andererseits die inneren Bilder durch Visualisierungen von erreichten Momenten. Beide verwandeln Unsicherheit in Motivation und aktivieren das Gefühl, dass alles möglich ist. Dieser Hintergrund macht Helden wie Roger Bannister so unvergesslich und so wichtig für unser Handeln.

Denke das nächste Mal also, wenn du noch nicht so richtig motiviert bist, an ihn und lass dich inspirieren für neue, überraschende Taten.

Wie man plötzlich Superkräfte hat

Du kannst dich sicherlich noch an den spannenden Moment zum Thema Motivation im Tourprogramm „Mentale Stärke für Österreich" oder in einem meiner Vorträge erinnern. Eine Zuschauerin konnte durch mentales Training die Hand auf ihrem Kopf so stark verankern, dass es einem sportlichen, kräftigen Mann nicht mehr gelang, die Hand der Dame auch nur einen Millimeter von ihrem Kopf wegzudrücken. Und er drückte so fest, wie er konnte – und das war sehr fest!

Wie konnte das gelingen und wie schaffte es die Zuschauerin, einen so starken Widerstand aufzubauen, dass der Mann keine Chance hatte? Zu Beginn sagte ich zu der Frau: „Ich möchte dich jetzt auf einen sportlichen Wettkampf einladen und dir zeigen, wie sich Spitzensportler für herausragende Leistungen motivieren." Ich stellte ihr dazu dann folgende Frage: „Bist du bereit, über deine Grenzen zu gehen und das Unmögliche möglich zu machen?" Ihre klare und deutliche Antwort war: „Ja." Was ich also zu Beginn getan hatte, war, eine deutliche Aufklärung der Situation herstellen, eine Zielsetzung zu formulieren und ihr Commitment dazu einzuholen. Denn „du wirst gleich stärker werden als der Herr aus dem Publikum, der sehr viel Kraft hat", fuhr ich weiters fort und definierte das Ziel so: „Du wirst deine Hand so stark auf deinen Kopf drücken, dass es für ihn absolut unmöglich sein wird, deine Hand auch nur einen Millimeter zu bewegen."

Hier beobachtete ich ihre Körpersprache sehr genau, denn jedes unbewusste Zeichen hilft mir weiter in der Formulierung meiner Worte. Spüre ich Unsicherheit, dann wiederhole ich; spüre ich Unkonzentriertheit, dann frage ich nach; spüre ich Nervosität, dann bestärke ich; und bemerke ich Zustimmung, dann berühre ich sie an der Schulter und suggeriere Bilder ihres persönlichen Erfolges. „Stell dir bitte so emotional und bildlich wie möglich einen Moment vor, in dem du erfolgreich, stark und glücklich warst!", so meine Worte, um eine größtmögliche positive Emotion aufzubauen. Denn dann folgte die Umsetzung meiner persönlichen Motivationsformel.

MOTIVATION = EMOTION + ZIELSETZUNG

Ihre Emotion wurde erzeugt, und sie fühlte sich berührt durch positive Bilder im Kopf. Ihre Zielsetzung vermittelte ich durch eine eindeutige Beschreibung, was genau passieren wird. Und dann kam noch der mentale Trick durch Worte ans Publikum: „Wenn sie das schafft, dann bitte ich Sie alle um den größten Applaus, den wir jemals gehört haben. Toben Sie, klatschen Sie, jubeln Sie!" Jetzt begann sie ihre Hand unfassbar fest auf den Kopf zu drücken und sich durch Emotion und Zielsetzung zu motivieren, mehr als alles zu geben. Das Ergebnis kennst du ja.

Jetzt möchte ich dir eine wirksame Möglichkeit vorstellen, um an deiner Motivation und deinen dazupassenden Zielen zu arbeiten.

Die SMARTE Motivationsformel für Ziele

„Wenn du etwas erreichen möchtest, dann setzt du dir Ziele und arbeitest motiviert daran, diese umzusetzen" – so wäre die Antwort auf die Frage, wie man sich jetzt einfach motivieren kann. Ja, Ziele sind eine faszinierende Motivation für uns, denn sie treiben uns an, sie aktivieren unser Handeln. Allerdings fehlt in dieser Antwort noch das System für die richtige Zielsetzung. Die nachfolgende SMART-Formel zeigt dir, wie deine Ziele genau aussehen müssen, damit du die Motivationskurve aufrechterhalten kannst.

Jeder Buchstabe der SMART-Formel steht für eine bestimmte Eigenschaft, die dein Ziel haben sollte. Das „S" zu Beginn steht für

„spezifisch", und das Ziel sollte so spezifisch, konkret und eindeutig sein wie nur möglich. Unsere Ziele gestalten wir möglichst präzise, damit Klarheit über das angestrebte Ergebnis vorherrscht. Die Schritte zur Formulierung von Zielen sehen so aus:

1. Was will ich eigentlich genau?
2. Was kann ich wirklich?
3. Was nehme ich mir Schritt für Schritt vor?

Unsere Ziele sollten wir außerdem immer positiv formulieren. Eine positive Formulierung würde so aussehen: In diesem Jahr fahren wir nach Schweden auf Urlaub. Eine negative Formulierung dazu würde so aussehen: In diesem Jahr fahren wir nicht mehr nach Italien auf Urlaub. Definiere deine Ziele so genau und detailgetreu wie nur möglich, zum Beispiel so: In diesem Jahr

Die SMARTE Motivationsformel für Ziele

fahren wir ab 14. Juni für zehn Tage nach Stockholm auf Urlaub und übernachten in einem Stadtapartment direkt in Kungsholmen. Je genauer ein Ziel im Vorfeld beschrieben wird, desto größer kann auch die Motivation werden. Du weißt dadurch schon sehr genau, was dich erwartet, und das bewirkt Vorfreude und Antrieb.

Der Buchstabe „M" in der SMART-Formel steht für „messbar". Formuliere deine Ziele so, dass sie messbar sind. Das Erreichen des Zieles sollte überprüfbar sein. Sonst kannst du nicht überprüfen, ob du konsequent gearbeitet hast und das Ziel erreicht wurde. Versuche dabei immer, Vergleichswerte in irgendeiner Form zu finden, an denen du messen kannst, ob du es auch geschafft hast.

Zum Beispiel hast du dir als Ziel gesetzt, bis zum Ende der Woche insgesamt 15 Kilometer zu laufen. Das ist eine klar messbare Zahl, die ganz deutlich kontrolliert werden kann, was dir am Ende den geplanten Erfolg bringt. Wer am Ende das Ergebnis gut messen kann, der spürt den Erfolg und ist motiviert für weitere Schritte.

Das „A" in der Formel bedeutet „attraktiv und akzeptiert". Das Ziel sollte dementsprechend attraktiv und erstrebenswert sein. Außerdem ist es wichtig, dass du selbst und alle Beteiligten dein Ziel akzeptieren. Ohne jegliche Attraktivität und Akzeptanz zur Zielvereinbarung sind die Erfolgsaussichten ziemlich gering.

Du hast dir beispielsweise zum Ziel gesetzt, mindestens einmal in der Woche Fisch zu essen. Dies kann für dich aus gesundheitlichen Gründen sehr ansprechend sein, du ernährst dich gesünder, und deine Familie akzeptiert dein Ziel auch und macht sogar dabei mit.

Diese Freude an der Sache, das Interesse, weil es ein gutes Ziel ist, und das Mitmachen deines Umfeldes sind große Motivationen.

Der Buchstabe „R" steht für „realistisch". Stelle dir die Frage, ob dein Ziel auch tatsächlich realistisch erreichbar ist. Stecke dir dein Ziel nicht zu hoch, aber auch nicht zu tief. Überprüfe, ob du mit deinen Fähigkeiten und Zeitressourcen dein Ziel objektiv gesehen wirklich erreichen kannst. Hast du ein gutes Gefühl, dann stellt ein machbares Ziel eine perfekte Motivation dar, entsprechend zu handeln. Wenn das Ziel als unmögliche Illusion erscheint, wird hingegen jede Motivation im Keim erstickt.

Das „T" am Ende des SMART-Begriffes ist ein Synonym für „terminierbar". Jedes Ziel muss mit einer fixen Terminvorgabe kombiniert werden. Du möchtest bis zum 31. Dezember in diesem Jahr deine alte Wohnung renovieren. Jeden Sonntag nimmst du dir dafür Zeit, alles umzusetzen. Mit Zeitangaben zu erreichten Teilzielen und dem großen Endziel vor Augen haben wir einen klaren Plan. Das erzeugt einen extra Motivationsanreiz.

Nimmst du dir Zeit, deine wichtigen Ziele mit der SMART-Formel zu betrachten, dann wirst du dadurch sehr effizient, hoch motiviert und schneller ans Ergebnis kommen. Hier siehst du die SMART-Formel noch einmal im Überblick.

Die SMART-Formel

Spezifisch   Messbar   Akzeptiert   Realistisch   Terminiert

Die Waffe gegen den inneren Schweinehund

Hast du deinen „inneren Schweinehund" schon kennengelernt? Der Begriff kommt übrigens von den Sauhunden, die man bis zum 19. Jahrhundert bei der Jagd zum Ermüden der Wildschweine einsetzte.

Diese innere ermüdende Stimme, die uns immer wieder dazu bringt, heute vielleicht doch nicht spazieren zu gehen oder erst morgen die Wohnung aufzuräumen. Der innere Schweinehund steht für unsere teuflische Seite, die uns daran hindert, unangenehme Aufgaben zu beginnen. Viel Selbstdisziplin und eine große Portion Motivation sind vonnöten, um den Schweinehund zum Schweigen zu bringen. Schaffen wir dies nicht, dann bewirkt er eine neue Tätigkeit, nämlich die „Aufschieberitis": Wir kommen dann von einem Teufelskreislauf in den nächsten.

Gewinnt der innere Schweinehund, beginnen wir unser Vorhaben zu verschieben. Und wir finden und erfinden die besten Gründe dafür, die man sich nur vorstellen kann. Diese „Aufschieberitis" kommt so oft vor in unserem Leben, dass sie sogar einen eigenen Fachbegriff bekommen hat: Prokrastination. Schuld an ihr ist unsere Willensschwäche, dass wir es nicht schaffen, unsere innere Stimme – den Schweinehund – zu überwinden. Ohne Folgen bleibt dies nicht, denn wir alle haben dadurch schon finanzielle, berufliche oder auch gesundheitliche Nachteile erlitten.

Was können wir dagegen tun? Das Zauberwort heißt Volition. Sie ist die aktive Form der Motivation, sie steht für die Umsetzung von Aufgaben und für die Willenskraft, und sie schützt uns vor negativen Schweinehundablenkungen. Ihre sind Resultate wichtig. Das Rubikon-Modell der Handlungsphasen des deut-

Motivation

schen Psychologen Heinz Heckhausen zeigt den Übergang von Motivation zu Volition. Professor Psycho zeigt dir kurz diese vier Phasen von der Motivation zur Handlung.

Professor Psycho

Das Rubikon-Modell der Handlungsphasen

In der prädezisionalen Motivationsphase überlege ich, welches Ziel ich erreichen möchte. In der präaktionalen Volitionsphase schmiede ich den Plan, wie ich das Ziel erreichen kann. In der aktionalen Volitionsphase beginne ich zu handeln, und in der postaktionalen Motivationsphase bewerten wir das Ergebnis.[20]

Wie beflügeln wir nun die Volition, wie stärken wir diese mentale Kraft zu handeln? Dies sind die wichtigsten Punkte, die du dabei unbedingt beherzigen solltest:

- Konzentriere dich auf Wesentliches und blende Störgedanken aus.

Die Waffe gegen den inneren Schweinehund

- Erzeuge positive Gedanken durch den Blick nach vorne.
- Mach dir bewusst, dass du das kannst.
- Überzeuge Kritiker von deinen Schritten.
- Plane realistisch und löse Probleme schon rechtzeitig.
- Setze dir klare Ziele und unterteile sie in Teilziele.
- Plane Belohnungen und feiere deine Erfolge.
- Erlaube dir Spaß und Abwechslung.
- Mach dir bewusst, dass du frei entscheiden kannst.
- Lobe dich und rede darüber.

Mentalübung

Um die Gewohnheit, positiv nach vorne zu blicken, stärker in die Denkweise zu integrieren, kannst du dir, wenn du etwas planst, immer folgende Frage stellen und schon Antworten dazu finden: „Und was kommt dann?" Schaue damit positiv weiter als nur zum Ziel. So trainierst du dich schon, über dein Ziel hinwegzublicken, und empfindest dann das eigentliche Ziel gar nicht mehr so weit weg und schwierig.

Die Sucher und Meider

Auf dieser Welt gibt es zwei verschiedene Arten von Menschen. Die einen stehen in der Früh auf und möchten ja keinen Stress erleben. Das erzählen sie sich selbst und auch noch allen anderen, die sie am Tag so treffen. Sie möchten nichts Negatives erfahren und sich auf keinen Fall ärgern. Diese Menschen haben den ganzen Tag im Kopf, wovon sie wegwollen, was sie alles nicht erleben möchten. Ich nenne sie die „Meider".

Dann gibt es da noch die anderen. Sie stehen in der Früh auf, schon mit dem Gedanken, was sie heute alles Spannendes erleben werden. Sie haben sich bereits vorgestellt, welche Erfolge sie heute Vormittag feiern, wie interessant sich der Nachmittag zeigen wird und wie entspannend sie den Abend im Rahmen der Familie gestalten. Diese Menschen nenne ich die „Sucher".

Es stehen sich also zwei vollkommen unterschiedliche Denkphilosophien gegenüber: Die einen wollen immer weg vom Problem und die anderen hin zur Lösung.

Die Schnecke auf dem Bild auf der nächsten Seite kann eine Meiderin oder auch eine Sucherin sein. Sie kann mit Angst ständig darauf achten, nicht runterzufallen auf ihrem steinigen Weg nach oben. Oder sie könnte auch Schritt für Schritt nach vorne sehen, sich schon auf den Kollegen freuen und so mehr Motivation und Kraft entwickeln. Es geht auch nicht immer nur um Geschwindigkeit, sondern um die richtige Richtung.

Vergleichen wir unser Gehirn mit einem Navigationsgerät. Wo würde es dich hinfahren, wenn du ihm sagst: „Fahr mich weg von Wien?" Vielleicht in irgendeine Richtung, ob es die erwünschte ist, wird wohl reiner Zufall sein. Sagst du deinem Navi, „fahr mich nach Salzburg", dann gibt es ein klares Ziel, und du bekommst die zu fahrende Streckenanweisung dafür. Ähnlich

verhält sich das mit unseren Gedanken: Sagen wir, wovon wir wegwollen, welche Entscheidungen soll unser Gehirn dann treffen? Pro Tag treffen wir ja über 20.000 Entscheidungen, wovon rund 80 Prozent unbewusst und automatisiert ablaufen. In diesem Fall haben wir keine Chance, uns zum Ziel zu motivieren.

Sagen wir uns allerdings genau, wohin wir wollen, haben wir das im Blick und kommunizieren das auch, dann wird unser Gehirn viele Entscheidungen treffen, um dorthin zu gelangen. Und einen Großteil davon werden wir nicht mal bemerken.

Im Bereich der Motivation gibt es also zwei Herangehensweisen, die Weg-von-Motivation und die Hin-zu-Motivation. Weg-von-Motivation bedeutet, du bist motiviert, von einem unerwünschten, unangenehmen Zustand wegzukommen. Hin-zu-Motivation entsteht durch Sehnsüchte, Ziele, Wünsche und Visionen, wo man gerne hinmöchte – man hat schon ein klares Bild vor Augen.

Wie auch immer deine Motivation für deine Ziele aussieht – die Weg-von-Motivation kann ein sehr starker Startimpuls sein, die Hin-zu-Motivation hält diesen Impuls aufrecht und gibt dir das Durchhaltevermögen, um den inneren Schweinehund zu überlisten, bis du bei deinem Ziel angekommen bist. Hast du die Möglichkeit, beide Motivationsformen zu nutzen – zuerst einen kraftvollen Impuls, um wegzukommen, und dann einen emotionalen Impuls, um zum Ziel hinzukommen –, verstärkst du dein Handeln und erzeugst eine Art Power-Motivation. Laufe nicht davon, sondern laufe gezielt in eine konkrete Richtung – du wirst schneller ankommen. Auch Hunde beispielsweise sind um einiges schneller, wenn sie Beute jagen, als wenn sie selbst gejagt werden.

Das Motivations-Setup

Als letztes Element deiner mentalen Stärke zählt die Motivation, und auch dafür habe ich ein für dich gestaltetes Mitmachprogramm. Das Setup beschreibt dir wieder die unterschiedlichen Tools, die im Programm enthalten sind. Tool 1 ist eine motivierende, antreibende Musik. Von dem Komponisten Philipp Schinwald wurde für dieses Buch und dieses Thema eine episch-filmische Motivationsmusik komponiert. Sie ist weltweit einzigartig und steht dir im „Digital Mental"-Bereich zur Verfügung. Forschungen zur Psychoakustik haben ergeben, dass das Hören von motivierender Musik nicht nur unsere Leistung steigern kann, sondern auch das Training selbst angenehmer macht.[21]

Tool 2 besteht aus der Zielvisualisierung. Das Vorstellen und Planen eines Zieles im mentalen Ablauf kommt aus dem Spitzensport und wird dort erfolgreich eingesetzt. Diverse Studien zeigen, dass in der Zielvisualisierung die strategische Planung, eine Realitätsprüfung und eine positive Selbsteinschätzung eine große Rolle spielen. Dadurch wird die passende Motivation für das Ziel stark beeinflusst. Tool 3 beinhaltet die Emotionsvisualisierung. Man erzeugt hier Gefühle, wie es sich anfühlt, das Ziel erreicht zu haben. Die Wissenschaft zeigt auch hier immer wieder, dass eine positive emotionale Visualisierung eine freudige Aktivierung sowie einen erhöhten Ausstoß von Dopamin, dem Glückshormon, bewirken kann.[22]

Tool 4 besteht aus den dir bereits bekannten Affirmationen. Affirmationen sind Sätze, die wir uns selbst immer wieder sagen, um unsere Gedanken zu bestätigen oder in eine passende Richtung zu lenken.

Die vier Tools deines Motivations-Setups sehen also folgendermaßen aus:

Das Motivationsprogramm für dich

Aus dem Setup für Motivation bilden sich der Inhalt und der Ablauf deines Mitmachprogramms. Auch beim letzten Programm darf ich dich mit meiner Stimme durch den Ablauf begleiten. Zum Start findest du wieder auf „Digital Mental" die passende MP3-Datei für dein Handy oder deinen Computer.

Schauen wir uns zum besseren Verständnis nun den Inhalt dieses Programmes an. Nach dem Start beginnst du mit der Zielvisualisierung für die Dauer von zwei Minuten. Wähle dein Ziel und betrachte gedanklich genau, wofür du dich motivieren möchtest. Nach der SMART-Formel kannst du alle Details kurz durchgehen und folgende Fragen beantworten: Was willst du wirklich, wie ist es messbar, ist es attraktiv, traust du es dir zu und wann willst du es erreichen? Visualisiere dazu deine Zwischenziele und dein Handeln. Die Zielvisualisierung sollte durch deine Fragen und Antworten deutlich einen Plan und einen Ablauf ergeben.

Es folgt dann für eine Minute die Emotionsvisualisierung. Jetzt kannst du dir das Endergebnis so emotional wie möglich vorstellen. Du siehst dich deinen Erfolg hier schon feiern und erlebst, wie du dich genau fühlst, wenn du es geschafft hast. Stelle dir den Erfolgsmoment genau vor und genieße diese Gefühle voll und ganz. Als letztes Tool kommen dann die Affirmationen, deine Glaubenssätze. Bestätige für rund eine Minute dieses motivierende Gefühl durch die richtigen stärkenden Gedanken. Wiederhole Sätze wie „Ich bin motiviert für mein Ziel!", „Ich halte durch bis zum Ziel!" und „Ich freue mich aufs Loslegen und fange sofort an!" Deine Glaubenssätze kannst du gerne passend für dein Ziel adaptieren, wichtig ist hier nur, dass du davon überzeugt bist, was du dir sagst.

Die emotional motivierende Musik, die du dazu hören wirst, kann dich in allen drei Übungsbereichen des Programmes mit unterstützen und in eine animierende Stimmung bringen.

Das gesamte Programm betrachtet, beginnst du in der Zielvisualisierung ein Ziel klar festzulegen und dazu einen Plan durchzugehen. Dann erzeugst du dazu in der Emotionsvisualisierung ein großes Erfolgsgefühl, wie es sich am Ende anfühlen wird. Im letzten Teil bestätigst du durch Affirmationen dein zukünftiges Handeln und bist hoch motiviert, sofort zu beginnen. Für die bildliche Darstellung dieses Programms gibt es auf der nächsten Seite wieder eine anschauliche Grafik.

„Der einzige Weg, großartige Arbeit zu leisten, ist zu lieben, was man tut."

Steve Jobs

Starte die Musik und schließe deine Augen

TRAININGSABLAUF

4 Minuten
1 Song

2 Minuten

ZIELVISUALISIERUNG
Betrachte gedanklich dein Ziel, für das du dich motivieren möchtest. Nach der SMART-Formel kannst du alle Details kurz durchgehen. Was willst du genau, wie ist es messbar, ist es attraktiv, traust du es dir zu und wann willst du es erreichen? Visualisiere die Zwischenziele und dein Handeln.

1 Minute

EMOTIONSVISUALISIERUNG
Jetzt kannst du dir das Endergebnis so emotional wie möglich vorstellen. Du siehst dich deinen Erfolg feiern und wie du dich genau fühlst, wenn du es geschafft hast. Stell dir deinen Erfolgsmoment genau vor und genieße diese Gefühle voll und ganz.

1 Minute

AFFIRMATIONEN
Bestätige dieses motivierende Gefühl durch die richtigen stärkenden Gedanken. Wiederhole Sätze wie „Ich bin motiviert für mein Ziel", „Ich halte durch bis zum Ziel" und „Ich freue mich aufs Loslegen und fange sofort an".

Die Programmempfehlungen

Dich durch eine mentale Übung in einen motivierten Zustand zu versetzen ist die ideale Wirkung dieser Übung. Deine Ziele strategisch zu planen, ins Handeln zu kommen, durchzuhalten und den inneren Schweinehund zu überlisten, damit du am Ende deine Erfolge jeglicher Art feiern kannst – das wünsche ich dir mit dem Mitmachprogramm.

Folgende unverbindliche Programmempfehlungen möchte ich dir als Möglichkeit mitgeben. Bist du unmotiviert für eine Aufgabe, dann nutze das Programm, um diese Motivation zu aktivieren, und höre es, bevor du mit deiner Aufgabe startest.

Eine weitere Variante ist: Du hast ein neues Ziel vor Augen und nutzt dieses Programm, um noch mehr Klarheit, Gefühl und Planung in deine Motivation zu bekommen. Übe am besten, bevor du mit der echten Umsetzung anfängst.

Zusätzlich gibt es die Möglichkeit, dass du schon mitten in einer Tätigkeit bist, allerdings bemerkst, dass es ziemlich anstrengend wird und die Motivation doch etwas nachlässt. Führe das Programm einfach zwischendurch aus, nimm Zwischenziele aus neuen Herausforderungen und finde positive Bilder, um mit mehr Durchhaltevermögen wieder weiterzumachen.

Vielleicht findest zu noch viele weitere Einsatzvarianten, um dich für dein Tun mit mehr Motivation auszustatten. Es soll dir stets Spaß machen, dir neue Impulse geben und dich mental stärken, um dein Handeln aktiv voranzutreiben.

In der folgenden Grafik auf der nächsten Seite siehst du noch einmal mögliche Einsatzgebiete des Programms im Überblick.

Die Programmempfehlungen

DU BIST UNMOTIVIERT FÜR EINE AUFGABE	DU HAST EIN NEUES ZIEL VOR AUGEN	DU BIST MITTEN IN EINER AUFGABE UND ES WIRD ANSTRENGEND
Übe vor dem Beginn	Übe vor der Umsetzung	Übe dazwischen zu neuer Motivation

Wir haben gesehen, dass Motivation von außen – die extrinsische Motivation – eine gute Startmotivation sein kann, allerdings auch oft von kürzerer Dauer. Deine innere Motivation, den wahren Sinn dahinter für dich erkennen, wird dir die Möglichkeit bringen, langfristig sehr erfolgreich und motiviert an deinen Projekten zu arbeiten.

Mehr Motivation aus meinen Mentaltipps

Tipp Nr. 1: Glaube an deinen Talisman

Die Kombination aus dem Glauben und einem Glücksbringer kann dich sehr motivieren. Wer glaubt, dass sein persönlicher Glücksbringer tatsächlich wirkt, fühlt sich auch nachweislich besser motiviert und sicherer. Untersuchungen zeigen, dass Menschen mit einem persönlichen Glücksbringer bei Tests, Aufgaben und Prüfungen oder bei sportlichen Leistungen bessere Ergebnisse liefern als Menschen ohne Talisman.

Tipp Nr. 2: Magic words motivieren

Du kannst mit der Auswahl deiner Worte die Erfolgsaussicht beeinflussen. Versuche einfach mal, beim Sprechen negative Formulierungen durch positive zu ersetzen. Nutzen wir mehr positive Wörter als negative, aktivieren wir damit Teile unseres Gehirns, die für Motivation verantwortlich sind und uns in Bewegung bringen.

Tipp Nr. 3: Die Kraft liegt im Lebenssinn

Suche den echten Lebenssinn für private und berufliche Aufgaben und tanke so extra Motivation, um die Höhen und Tiefen deines Lebens zu meistern. Welche Ziele und Wege erfüllen deine größten Wünsche?

> „Es geht in der Erfolgsmotivation nicht immer um Geschwindigkeit, sondern viel mehr um die konsequente Richtung."
> *Manuel Horeth*

Was du Unglaubliches über Motivation gelesen hast!

- Es geht in der Motivation immer darum, was uns Menschen zum Handeln bewegt, was uns antreibt.

- Hinter einem der größten Motivationsgründe, etwas erreichen zu wollen, steht die Vorstellungskraft.

- Es sind einerseits die Vorbilder, die motivieren, andererseits die inneren Bilder durch Visualisierungen von erreichten Momenten.

- Meine persönliche Motivationsformel: Motivation = Emotion + Zielsetzung.

- Die SMART-Formel zeigt dir, wie deine Ziele genau aussehen müssen, damit du die Motivationskurve aufrechterhalten kannst.

- Das Zauberwort heißt Volition. Sie ist die aktive Form der Motivation, sie steht für die Umsetzung von Aufgaben, für die Willenskraft und schützt uns vor negativen Schweinehundablenkungen.

- Im Bereich der Motivation gibt es also zwei Herangehensweisen, die Weg-von-Motivation und die Hin-zu-Motivation.

- Hast du die Möglichkeit, beide Motivationsformen zu nutzen - also zuerst einen kraftvollen Impuls, um wegzukommen, und dann einen emotionalen Impuls, um zum Ziel hinzukommen –, verstärkst du dein Handeln und erzeugst eine Art Power-Motivation.

Epilog

Die mentale Stärke besteht aus deinen Fähigkeiten der Entspannung, des Selbstvertrauens, der Konzentration, des positiven Denkens und der Motivation. Jede Komponente für sich kann im Leben unterstützend wirken, allerdings erst die Gemeinsamkeit aller Elemente aktiviert deine Quelle der mentalen Stärke. Zum Schluss möchte ich dir nun die Frage stellen:

Und jetzt, wie geht es weiter?

Die Verantwortung, mit dem Wissen über mentale Stärke umzugehen, liegt nun ganz in deiner Hand – ein Schatz, der auch für deine Familie, Freunde oder auch Partner in allen Bereichen wertvoll sein kann. Mein Appell an dich: Gib deine Erfahrung weiter, setze Impulse auch bei anderen Menschen, sich mental zu stärken. Dieses Buch heißt „Mentale Stärke für dich!", und am Ende sollte die Botschaft „Mentale Stärke für uns!" heißen. Du kannst diese Botschaft gerne weitergeben und andere Menschen ebenfalls von ihren Fähigkeiten überzeugen. Wenn du das tust, dann werden vielleicht deine Kinder mit mehr Selbstvertrauen aufwachsen und ihre Ziele motivierter verfolgen, es werden vielleicht deine Freunde in stressigen Zeiten besser entspannen, und es wird sich vielleicht ein Kollege stärker für das Wesentliche konzentrieren können. Deine Mitmenschen werden vielleicht mehr Spaß und Lebensfreude im positiven Denken finden. Und du? Du wirst mit einem Lächeln zurückdenken an den Moment, an dem die mentale Stärke dich zum ersten Mal berührt hat.

Ich bedanke mich für dein Vertrauen. Vielleicht sehen wir uns wieder und können über deine Erfahrungen zur mentalen Stärke ein wenig gemeinsam plaudern.

Dein Manuel Horeth

www.manuelhoreth.at

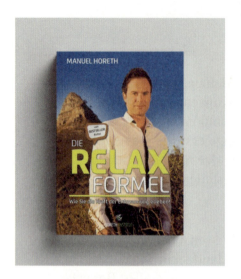

Die Relaxformel
(Hardcover)

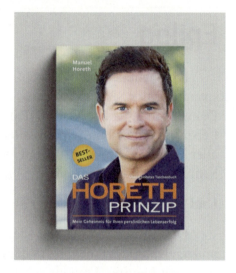

Das Horeth Prinzip
(Taschenbuch)

Mentale Stärke Soundtrack
(CD inkl. Download)

Der Autor

Manuel Horeth

Manuel Horeth, geboren am 18. Februar 1978 in Saalfelden (Salzburg), ist ein österreichischer Mentaltrainer, Moderator, Entertainer und Bestseller-Autor mehrerer Sachbücher.

Nach der Matura sowie einem Ausflug in das Studium der Kommunikationswissenschaft begann Manuel Horeth seinen wahren Traum zu leben. Er beschäftigte sich weltweit mit der mentalen Stärke der Menschen. Mittlerweile vermittelt er sein Wissen und seine kreativen Ideen auf spannende Art und Weise als Mentalexperte wöchentlich im Radio und Fernsehen. In seinen eigenen TV-Shows auf RTL Deutschland und im ORF faszinierte er bereits Millionen Menschen.

Im Rahmen seines eigenen Instituts arbeitet Horeth auch mit vielen bekannten Spitzensportlern, Trainern und Mannschaften im Bereich der mentalen Wettkampfvorbereitung und Motivation zusammen. Weiters tritt er auch als Speaker, Vortragender und Gastredner bei Fachkongressen und Veranstaltungen auf. Manuel Horeth gestaltet eine monatliche Rubrik in der Zeitschrift „ORF nachlese" und schreibt regelmäßig Kolumnen für diverse Zeitungen. Für Podcast-Freude produziert er monatlich den „Mentale Stärke Podcast" mit spannenden mentalen Themen und Stargästen.

Seine Bestseller-Bücher sind „Das Geheimnis der 5 Sinne", „Das Horeth Prinzip", „Die Relaxformel" und nun auch „Mentale Stärke für dich!".

Mehr zu Manuel Horeth, Österreichs Mentalexperte Nr. 1, findest auf seiner Webseite: www.manuelhoreth.at

Quellenverzeichnis

1
https://www.derstandard.at/story/2000063995552/hard-und-soft-skills-was-kuenftig-berufserfolg-bringt

2
https://www.semanticscholar.org/paper/The-rewarding-effect-of-flow-experience-on-in-a-Sch%C3%BCler-Brunner/.37c01009a3284e8b4e108f9227e-9b3e50fcb1492

3
https://medlexi.de/Default_Mode_Network

Frotscher, M. (2018). Taschenatlas Anatomie, Band 3: Nervensystem und Sinnesorgane. Thieme Verlag

Hahn, J.-M. (2013). Checkliste Innere Medizin. Thieme Verlag

Klinke, R. & Silbernagl, S. (2005). Lehrbuch der Physiologie. Thieme Verlag

4
https://www.hu-berlin.de/de/pr/nachrichten/archiv/nr1305/pm_130517_00

5
https://www.unibe.ch/aktuell/medien/media_relations/medienmitteilungen/2018/medienmitteilungen_2018selbstwertgefuehl_entwickelt_sich_bei_kindern_und_teenagern_positiver_als_bisher_angenommen/index_ger.html

6
Bandura, Albert (1997). Self-efficacy: The exercise of control. W. H. Freeman

7
LaFreniere, Lucas S.; Newman, Michelle G. (2020). Exposing Worry's Deceit: Percentage of Untrue Worries in Generalized Anxiety Disorder Treatment. Behavior Therapy

8
Rasmussen, Heather N.; Scheier, Michael F. (2009). Annals of Behavioral Medicine. Oxford University Press

9
2015 GNH Survey Report. Centre for Bhutan Studies (2016)

Quellenverzeichnis

10
http://www.gnhcentrebhutan.org/what-is-gnh/history-of-gnh/

11
http://www.gnhcentrebhutan.org/what-is-gnh/history-of-gnh/

12
https://www.facebook.com/mombhutan/

13
https://www.stern.de/neon/wilde-welt/gesellschaft/gluecksminister-dr--ha-vinh-tho--darum-sind-so-viele-deutsche-ungluecklich-7894280

14
https://www.focus.de/gesundheit/ratgeber/wissen-von-der-kunst-des-gluecks_id_9322436

15
https://herculodge.typepad.com/herculodge/2009/09/getalongordie-theory-the-colder-the-climate-the-happier-the-people

16
https://happiness-report.s3.amazonaws.com/2020/WHR20.pdf

17
O`Mara, Shane (2020). Das Glück des Gehens: Was die Wissenschaft darüber weiß und warum es uns so guttut. Rowohlt Verlag

18
https://www.tagesspiegel.de/kultur/neurowissenschaftler-ueber-spaziergaenge-es-ist-ein-flow-ein-kreatives-hoch/25723816

19
https://www.gesundheitsforschung-bmbf.de/de/placebo-effekt-sichtbar-gemacht-2847.php

20
Heckhausen, Heinz (2013). Motivation und Handeln. Springer-Verlag

21
https://legionathletics.com/music-exercise/

22
Roth, Gerhard (2017). Persönlichkeit, Entscheidung und Verhalten. Warum es so schwierig ist, sich und andere zu ändern. Klett-Cotta Verlag

Bildernachweis

Adobe Stock Lizenzen für Networkpool KG:
S. 22 © ORF, Wildbild
S. 33 © Volodymyr Shevchuk
S. 42 © lzf
S. 61 © Drobot Dean
S. 75 © Christoph
S. 76 © amenic181
S. 92 © Jenny Sturm
S. 100 © shara
S. 109 © TandemBranding
S. 120 © ASDF
S. 133 © Unclesam
S. 154 © Roel Timmermans
S. 162 © New Africa
S. 190 © lassedesignen
S. 199 © Goodpics+

Kapitelfotos © Heimo Spindler
Radiofoto S. 22 © ORF, Wildbild
Scherbenfoto S. 115 © Patrick Kirschhofer
Foto Business Edition S. 219 © Joachim Bergauer
Kleines Foto im Foto S. 17 © Joachim Bergauer

HORETH INSTITUT™
MENTALE KOMPETENZ

Business Edition

MENTALE STÄRKE
für dein Unternehmen

Workshops jetzt anfragen!
office@horeth-institut.at